Famille,
qu'apportes-tu à l'enfant ?

Du même auteur

CAMUL, MAURICE ET MICHEL LEMAY. *De l'éducation spécialisée.* Montréal : Presses de l'Université de Montréal, 1997.

J'ai mal à ma mère : approche thérapeutique du carencé relationnel. (nouv. éd. rev. et augm.) Paris : Éditions Fleurus, 1993.

Psychopathologie juvénile : les désordres de la conduite chez l'enfant et l'adolescent. (5e éd.) Paris : Éditions Fleurus, 1987.

Les psychoses infantiles : contenant déserté, contenant envahi. Paris : Éditions Fleurus, 1987.

L'éclosion psychique de l'être humain : la naissance du sentiment d'identité chez l'enfant. Paris : Éditions Fleurus, 1983.

La Collection de l'Hôpital Sainte-Justine
pour les parents

Famille, qu'apportes-tu à l'enfant ?

Michel Lemay

Éditions de l'Hôpital Sainte-Justine
Centre hospitalier universitaire mère-enfant

Données de catalogage avant publication (Canada)

Lemay, Michel

Famille, qu'apportes-tu à l'enfant?

(Collection Parents)
Comprend des réf. bibliogr.

ISBN 2-922770-11-7

1. Famille. 2. Parents et enfants. 3. Rôle parental. 4. Enfants - Développement. 5. Enfants de divorcés - Psychologie. 6. Frères et sœurs. I. Hôpital Sainte-Justine. II. Titre. III. Collection.

HQ737.L45 2001 306.85 C2001-940319-4

Illustration de la couverture: Philippe Béha
Infographie: Céline Forget

Diffusion-Distribution au Québec: Prologue inc.
en France: Casteilla Diffusion
en Belgique et au Luxembourg: S.A. Vander
en Suisse: Servidis S.A.

Éditions de l'Hôpital Sainte-Justine
3175, chemin de la Côte-Sainte-Catherine
Montréal (Québec) H3T 1C5
Téléphone: (514) 345-4671
Télécopieur: (514) 345-4631

ISBN 2-922770-11-7

Dépôt légal: Bibliothèque nationale du Québec, 2001

La collection PARENTS bénéficie du soutien du Comité de promotion de la santé et de la Fondation de l'Hôpital Sainte-Justine.

Table des matières

Introduction

La constitution d'une famille est une prodigieuse aventure dont les parents sont les premiers protagonistes. Dans cette aventure, comme dans toute autre, il y a des moments de joie et des moments d'inquiétude. Il peut également y avoir des aléas inconnus au départ, comme des conflits, et même la dislocation d'un creuset qu'on souhaitait stable. Depuis plusieurs décennies, on a vu apparaître de nouveaux modèles familiaux, comme les familles monoparentales par choix et les reconstitutions répétées de structures d'accueil différentes du milieu d'origine. La taille des familles a changé, tout comme les influences qui s'exercent sur elles et les modes d'éducation en vigueur. Il en résulte souvent un désarroi chez des adultes en quête de points de repère. Tout cela débouche souvent sur cette question lancinante: *Famille, qu'apportes-tu à l'enfant?*

Je tente ici de répondre à cette question. Je ne veux pas tomber dans l'idéalisation de ce que peut être une famille, mais je ne veux pas pour autant accepter des positions démagogiques où le «tout-est-possible» et le «tout-est-permis» deviennent des maîtres-mots trompeurs. C'est un psychiatre qui écrit, mais c'est surtout un père qui a tenté de former, avec son épouse et leurs cinq enfants, une «histoire familiale». Bien sûr, cela ne s'est pas fait sans tâtonnements et sans erreurs; pourtant, cette aventure s'est toujours déroulée dans l'authenticité. Le présent livre, en plus de s'inspirer de multiples auteurs, est né à la suite de cette passionnante aventure familiale, ainsi que de l'expérience clinique résultant de rencontres professionnelles avec de nombreux parents et enfants. Je citerai très peu les auteurs auxquels j'ai référé, afin de garder un style simple et un format réduit.

Le livre comporte trois parties. **La première partie** présente le cheminement habituel d'adultes qui réussissent à constituer ce qu'on appelle souvent la famille nucléaire. **La deuxième partie** aborde les fonctions de chaque constituant de la famille, mère, père, fratrie, grands-parents, collatéraux, sans oublier l'enfant lui-même, qui participe activement à l'édification de son lieu de vie. **La troisième partie** étudie les différentes situations familiales qui existent à l'heure actuelle, avec les séparations, les isolements et les reconstitutions. Ces derniers événements peuvent être chargés d'embûches et il faut avoir le courage de les regarder en face, car s'ils sont bien vécus, ils peuvent déboucher sur d'autres formes de creusets d'accueil où l'enfant pourra s'épanouir.

Première partie

L'ÉDIFICATION DE LA FAMILLE

La genèse de la compétence parentale

Un homme et une femme se rencontrent et s'attirent. Dans leurs élans amoureux se juxtaposent le plaisir de l'union charnelle, la découverte fascinée d'une certaine complémentarité et l'effacement des tensions possibles dans une quête de fusion. Selon les valeurs intégrées et véhiculées par une époque, ces deux personnes différeront leurs élans sexuels ou les réaliseront tout de suite. Elles accepteront une période d'attente et de réflexions, officialisée par les fiançailles, ou elles décideront de mener tout de suite une vie commune. Elles considéreront leur rencontre comme une phase transitoire ou s'inscriront d'emblée dans l'espoir de s'unir pour la vie. En général, lorsque les gens décident de vivre ensemble, ils songent assez peu à faire de la place à un tiers, à savoir un enfant.

De toute façon, même si les échanges se prolongent au point de faire surgir l'espérance d'un couple stable, il y a souvent une longue période au cours de laquelle la vision anticipatrice d'un bébé est éradiquée par les soucis professionnels, les préoccupations matérielles, l'intensité des émois amoureux, le désir de prolonger la vie à deux. Puis vient un jour, préparé par d'autres jours chargés d'émotions, où surgit au fin fond des deux amants une sorte de vibration émotive dont se détachent les mots suivants: «Si on avait un enfant». C'est un désir d'abord obscur, puis une sorte de besoin où se mêlent différents élans: un élan du corps qui veut se prolonger et, de là, perpétuer l'espèce; un élan du passé qui veut se reconstituer; un élan du cœur qui veut donner et recevoir; un élan de l'âme en quête d'éternité.

Du jour où ce déclic se produit, une attente jaillit, ponctuée de déceptions lorsque les menstruations renvoient le possible vers un autre possible. Cette attente, si elle se prolonge, est jalonnée d'interrogations : « Se pourrait-il que nous soyons incapables d'en avoir ? » « Se peut-il que l'un de nous ait fait quelque chose empêchant cette venue ? » L'attente est déjà un peu altérée par des craintes à demi formulées : « Resterons-nous ensemble alors que tant de couples se séparent ? »

La vie se poursuit avec ses joies et ses aléas. On découvre, de façon un peu cruelle, que l'extase amoureuse des premiers mois ne peut être un état permanent. Cela devient une aventure à construire et à négocier, dans laquelle le passé, les résistances, les échecs, les plaisirs, les heurts, les différences de caractère, les pressions de l'environnement, tout cela fait inexorablement partie d'un jeu existentiel qui doit faire place à l'effort et aux aménagements. Au cours de ces années si mémorables, voilà que surgit la nouvelle : « Le test de grossesse est positif ! Un enfant va naître. » À partir de ce jour, parce que l'enfant devient une présence, même s'il n'est pas encore né, deux amants, deux amis et deux amoureux deviennent deux parents. Durant les neuf mois à venir, leurs cheminements respectifs seront à la fois différents et communs.

Je suis homme; le ressenti de la femme m'est donc en partie étranger, bien que j'aie eu cinq enfants et que je me sois permis de faire des conférences sur le sujet… Dans mon esprit tout se fond : ce que j'ai lu, ce que j'ai perçu, ce que j'ai vécu et ce que j'ai échangé avec mon épouse. Nous avons parlé du corps qui se transformait, de ce moment étonnant où nous commençons à percevoir les mouvements de l'enfant. Nous nous sommes raconté nos rêves et nos rêveries, et un peu moins nos peurs pour ne pas additionner nos angoisses. Nous avons senti que quelque chose d'indicible se réveillait à chaque grossesse, toujours semblable et toujours différent, à la fois répétition et nouveauté.

Comme beaucoup d'autres pères, j'ai préparé le creuset d'accueil en m'intéressant à la chambre et au berceau, en repeignant les murs et en achetant des objets inutiles. J'ai ainsi tenté de constituer un espace intérieur propice à la gestation de l'enfant à venir – mais en réalité de moi-même. Une vague d'affects rejoignait mes propres origines, tout en réveillant, au plus profond de moi, le désir d'accueillir. J'ai surveillé cet utérus maternel qui grossissait inexorablement. J'ai donné des conseils, et adopté des attitudes à la fois protectrices et maladroites. En maternant ce ventre sacré, j'ai tenté de ressentir une présence. Or, l'éprouvé me restait étranger puisque je ne le portais pas. À quelques reprises, j'ai fait mine de reconnaître tactilement les secousses annoncées triomphalement par ma femme. Puis, un jour, je les ai vraiment perçues. J'ai voulu connaître le sexe de cet enfant inconnu, bien qu'une partie de moi voulait également respecter le mystère.

L'homme aussi, à sa manière, vit une grossesse. Et celle-ci lui est tellement importante que certaines cultures ont officialisé ce désir masculin en instituant un ensemble de rites appelés « la couvade ».

Une grande partie de ce qu'a vécu mon épouse me restera toujours inconnu. Il est étonnant de songer que, pour les deux protagonistes du couple, chaque grossesse est une période à la fois de proximité et d'incommunicabilité. Le sexuel rapproche et sépare puisque ce produit du sexuel, que l'on nomme d'abord embryon puis fœtus, ne crée pas chez les deux parents les mêmes sensations, les mêmes perceptions, les mêmes représentations.

La mère a ce prodigieux pouvoir de porter et de transmettre la vie, autant par son sang que par ses sentiments. D'abord inévitablement centrée sur les changements corporels et sur les sensations qui en découlent, elle inscrit progressivement, au plus profond de sa chair, une présence à la fois confondue et distincte. Elle a été portée par sa mère, qui souvent l'accompagne, et devient à présent porteuse et « faiseuse » d'enfants. Elle détient un pouvoir de vie, c'est-à-dire également un pouvoir de mort, et cette puissance la rend pleinement attirante, fascinante et menaçante. Par ce fœtus, elle élabore peu à peu un roman issu de sa propre histoire, de ses relations avec ses parents, de son existence actuelle de couple, du réseau d'amis qui l'entourent, des réactions réelles ou imaginaires que son bébé provoque en elle. Elle se parle et parle déjà à l'autre, évoquant son image. Ce bébé de rêve est tour à tour un petit d'homme déjà silhouetté, un inconnu éveillant des craintes autour d'une possible anomalie, un poids créant malaises et douleurs, une présence rassurante, un sujet de dialogue, une menace à l'intégrité de la mère, tant par les changements corporels déclenchés que par la proximité de l'accouchement.

Dans la mesure où il est désiré, ce bébé (qui est là et qui ne l'est pas encore vraiment) devient un formidable lieu de projections pour les deux parents, sur un mode propre à chacun. La quête des origines et la réalité de la finitude se rejoignent dans ce lieu. Que n'a-t-on écrit sur ce « grand bourlingueur de nos lointains intérieurs », pour utiliser la belle expression de Patrick Ben Soussian ?

Que vit-il, cet enfant, durant ces neuf mois dont je tente d'esquisser l'accompagnement ? Nous savons à présent, avec une quasi certitude, que ses systèmes sensoriels sont activés par des stimulations spécifiques. Le fœtus suce et boit son liquide amniotique, puis l'élimine. Il réagit aux mouvements maternels. Il perçoit des bruits, y compris ceux qui viennent de l'extérieur et qui sont filtrés par la paroi abdominale et utérine.

Il est percuté par les variations hormonales de la maman qui dépendent elles-mêmes de ses propres émotions. Grâce à la technologie de l'échographie, qui produit des images de plus en plus nettes, nous savons que le fœtus est déjà un être actif et sensible, percevant non seulement les stimuli mais une certaine présence. On peut donc supposer qu'à partir de toutes ces expériences sensorielles, il prépare ses réseaux neuronaux pour faire face à son futur environnement. Peut-être se sert-il de ces expériences prénatales sensibles pour construire ses premières représentations.

Au-delà de cela, tout est hallucinatoire... Cependant, ce dont nous sommes certains, c'est que les adultes qui attendent la venue de l'enfant doivent réaliser ce magma projectif pour rendre l'enfant personnellement présent en eux et pour déclencher les mouvements affectifs qui leur permettront de devenir parents.

Pour conclure ces quelques réflexions sur le temps de la grossesse, disons qu'une fantasmatique de l'univers enfantin se trouve ainsi bâtie. Que nous soyons mère ou père, nous devons nous en baigner, sans savoir véritablement ce qui est construction mythique et ce qui est intuition progressivement vérifiable par nos recherches scientifiques. Nous sommes ainsi faits : l'imaginaire est tout aussi nécessaire que le réel pour motiver, soutenir et rendre conscients les actes de la vie quotidienne qui seront ceux de l'enfant.

La compétence parentale doit s'actualiser lors de la naissance

L'accouchement, c'est-à-dire la sortie du bébé de la cavité utérine, constitue une rupture étonnante, autant pour l'enfant que pour ses parents. Évidemment, on ne sait pas ce que ressent le petit lorsqu'il lui faut respirer pour la première fois à l'air libre, s'ajuster à un milieu non liquide, entendre de nouveaux sons, découvrir sur sa peau des contacts inconnus, voir un monde de clarté et de couleurs. Certains auteurs estiment qu'il s'agit d'un choc difficile à vivre, qui génère les premières angoisses, bouleverse l'état antérieur de quiétude et oblige le petit à mobiliser des forces nouvelles. D'autres auteurs croient qu'il existe, au sein même du tout-petit, des mécanismes d'adaptation qui lui permettent de franchir sans problème ce seuil de l'existence. Quoi qu'il en soit, on ne peut que se réjouir de voir peu à peu nos salles d'accouchement devenir des lieux d'accueil. Malgré les technologies médicales de pointe, le bébé y est désormais considéré comme une personne et non plus comme un paquet de chair à extraire d'un ventre.

Ce respect l'inscrit d'emblée comme sujet à part entière que les parents accompagneront pour l'aider à se créer. Quelle que soit la réalité de l'accouchement en tant que phase primitive d'un psychisme naissant, l'arrivée du bébé est un événement déterminant pour la mère et pour le père. Bien sûr, le moment même de l'accouchement soulève des peurs à cause de la souffrance, de la dépendance de la maman face aux sages-femmes et aux médecins, des conséquences possibles d'un accident obstétrical, de la découverte éventuelle d'une anomalie. Ces peurs s'entremêlent à la joie d'avoir bientôt un bébé, au sentiment d'une délivrance chez la mère, à la fascination créée par l'apparition d'un être nouveau, au branle-bas que sa venue déclenche dans l'ensemble du réseau familial. Quelque chose de déterminant se joue sur le plan de la création, sur celui de la consécration parentale et sur celui d'une rupture avec l'existence antérieure. En effet, la présence du nouveau-né bouscule ce qui était, sans toutefois permettre de savoir ce qui sera. Avec des intensités différentes selon qu'il s'agit ou non d'une première naissance, selon la solitude du couple ou le soutien qu'il reçoit, selon les conditions socio-économiques dans lesquelles les choses se passent, toute naissance est un temps conflictuel et organisateur. Une naissance déséquilibre les deux parents, la fratrie éventuelle, les grands-parents et les beaux-parents, tout en forçant les gens à établir de nouveaux réseaux. Bébé renvoie chacun à ses origines, c'est-à-dire à cette question insoluble : « Comment sommes-nous sortis du néant ? » Bébé déchire les rêves antérieurs, comble et encombre, réjouit et persécute. D'un enfant du rêve, il devient un enfant de la réalité, un petit être qui pleure, se rassasie, hurle, remplit l'espace, supprime une partie de notre liberté, désarme et rend plus fort, unit tout en rendant le couple moins disponible l'un à l'autre.

Bien sûr, et surtout si c'est la première naissance, chaque parent se trouve fasciné et dérouté par la rencontre avec ce petit qui éveille en l'adulte beaucoup de plaisirs, mais aussi beaucoup de craintes et d'interrogations. En regardant ce bébé qui nous fixe en silence, la bouche légèrement entrouverte, nous sommes inévitablement désorientés. L'énigme s'impose à notre esprit : Qui es-tu ? Que me demandes-tu ? Comment puis-je te protéger ? Vais-je savoir m'y prendre avec toi ?

En prenant dans nos bras ce nouveau-né tellement frêle et petit qu'il peut tenir dans une seule de nos mains, une crainte irrationnelle de le blesser surgit en nous. En passant notre bras dans sa petite chemise fraîchement achetée, nous éprouvons la peur étrange de lui faire du mal. La maman, pressant l'enfant contre sa poitrine pour qu'il tète son sein, ressent un début de panique s'il ne trouve pas le mamelon ou s'il ne suce pas avec suffisamment d'énergie. En même temps, cet enfant minuscule procure à l'adulte le plaisir intense d'un corps à corps. Cet échange se produit quand le parent sort l'enfant de son berceau, lui tient la tête afin que ses yeux se dirigent vers son visage, lui parle et le place dans un bain sonore, visuel et tactile dans lequel les menus gestes du quotidien provoquent les premiers émois d'une rencontre.

Maintenant que le bébé est né, il faut le comparer à toutes ces images dont nous l'avions paré durant les neuf mois de la gestation. Nous devons le découvrir dans sa personne humaine, entreprendre avec lui ce long chemin de la vie qui débute par une rupture et qui se parcourt ensuite lentement et progressivement. Le sujet se développe : une partie de sa manière d'être et de penser dépend de nous et une autre partie est forgée par lui-même. Grâce à un ensemble d'attitudes, de désirs et d'émois, une extraordinaire alchimie se produit dans l'échange entre un enfant – avec ses potentialités d'épanouissement – et un environnement familial qui participe à l'édification de cet être.

Essayons de réfléchir aux différentes variables liées aux attitudes des parents et favorisant l'éclosion d'une identité. En d'autres termes, pouvons-nous traduire en mots ce que certains appellent la compétence parentale, cet ensemble de forces qui tissent au fil des jours le creuset d'une deuxième naissance de l'enfant, celle de sa vie psychique.

Nous ferons ce chemin, d'abord sans trop séparer les rôles de la mère et du père, car tous deux sont responsables de l'accompagnement, chacun à sa manière. Cependant, au fil des descriptions nous soulignerons les spécificités de chacun, réservant un paragraphe aux fonctions plus particulières d'une maman et d'un papa.

Bref, nous posons la question suivante:

Sur quelles bases repose la « compétence parentale » ?

Sur quelles bases repose la « compétence parentale » ?

La continuité et la cohérence des soins de base

La mère a une sorte de perception intuitive de son enfant, avant même qu'il ne vienne au monde, parce qu'elle le porte, le sent remuer, constate qu'il réagit à ses mouvements à elle, voire aux caresses qu'elle fait sur son propre ventre. Elle se sert de cette perception intuitive après sa naissance. Ainsi, sa manière de le tenir, de le bercer ou de le laver assure un véritable continuum entre la vie utérine antérieure et ce nouveau creuset dont ses bras maternels limitent les contours.

Par sa manière d'envelopper son nourrisson, de le soutenir et de le maintenir, elle contribue à ancrer dans son environnement le petit être en quête de protection et de points de repère. C'est cet ancrage qu'on appelle, dans le langage psychologique, « l'attachement ». Durant les premiers mois, une symbiose mère-enfant se maintient à cause des sensations de totalité expérimentées au cours de la grossesse. Le corps-dans-le-corps devient un corps-à-corps. L'allaitement, la façon de se mouler contre la peau, la multiplicité des échanges tactiles, thermiques, auditifs, visuels, labyrinthiques (les bercements), kinesthésiques (les mouvements), olfactifs, tout cela inscrit le bébé dans un bain de stimulations que son processus de maturation permet peu à peu d'intégrer. C'est comme si des traces sensorielles s'inscrivaient d'abord dans son corps, en fonction des échanges reçus, et servaient ensuite, au fil des mois, à construire ses premières représentations du monde extérieur.

Peu à peu des liens s'établissent, grâce à des présences porteuses de caractéristiques sensorielles et formelles, et grâce à des apports tantôt agréables, tantôt désagréables. Un sourire, une jubilation, un regard, un retrait ou des essais de blottissement : ces élans émotifs deviennent autant de prémisses à la communication. Cela se fait dans la régularité des soins quotidiens, eux-mêmes rythmés par les phases de sommeil et de réveil du petit. Quand il est nourri, au sein ou au biberon, il est plaqué contre la poitrine de l'adulte et ressent alors les particularités d'une odeur, d'une texture et d'un goût ; puis il est éloigné, regardé, interpellé, tandis que la main soutenant sa tête le bouge légèrement au rythme de paroles qu'il ne comprend évidemment pas, mais qui le plongent dans une sonorité singulière. Il en est de même au moment des bains : autour de lui et grâce à des présences aimantes, un cocon se forme, imprégné de l'eau qui coule sur sa peau, des mélodies que les adultes lui chantonnent, de la serviette chaude qui l'enveloppe.

Maman est là, et papa prend le relais. Par une autre manière d'être et de faire, celui-ci fournit des stimuli qui invitent à s'attacher de façon légèrement différente. Mamie ou papi, frères ou sœurs s'approchent et créent une autre enveloppe. Au fil des semaines et des mois, des images émergent de ce réseau, images sans doute parcellaires mais dont la reconnaissance progressive donne à l'enfant la conviction inébranlable que dans ce lieu de sécurité et de régularité, il peut éprouver un sentiment de bien-être et une confiance en autrui.

Une certaine discontinuité des soins de base est aussi nécessaire

Qualité, quantité, cohérence, convergence des premières expériences sensorielles fournies par l'environnement sont donc d'une grande importance. Cependant, tout cela ne se déroule pas dans une totale et parfaite harmonie. Du côté des parents, il y a des moments de lassitude, des petits oublis, des phases d'agacement ou tout simplement de brèves absences, comblées par l'arrivée d'une personne étrangère. Du côté de l'enfant, il y a des rythmes biologiques d'intégration et d'expulsion difficiles à maîtriser, des coliques, des régurgitations désagréables, des pleurs dont on ne connaît pas l'origine.

Cette rencontre entre des adultes parfois moins disponibles et un petit être humain n'acceptant pas toujours son sort déclenche des discontinuités dans les apports de base. Certaines discontinuités sont purement le fruit du hasard : maman veut allaiter et voilà qu'un abcès au sein l'oblige à passer brusquement au biberon. D'autres sont pressenties comme nécessaires, même si nous n'analysons pas les raisons de ces petits changements dans le déroulement quotidien de l'existence. Ainsi, bébé veut se blottir contre la poitrine de sa mère, mais celle-ci l'éloigne pendant quelques minutes pour mieux le regarder, en dépit de ses protestations ; bébé veut rester dans son bain, mais son père l'en retire un peu vite, non seulement parce que ce jour-là il est pressé, mais aussi parce que l'idée de se distancier un peu a curieusement germé en lui.

Ces décalages entre les attentes des parents et celles du bébé n'offrent rien de pathogène s'ils s'inscrivent dans un climat où l'écoute mutuelle est la norme. Ils constituent autant d'occasions de pousser l'enfant à développer ses mécanismes d'adaptation, car l'enfant ne peut rien créer par lui-même si tout lui est apporté de l'extérieur sans qu'il soit invité à devenir acteur de son devenir. Dès les premiers mois de la vie, déjà, une sorte de hiatus s'inscrit donc entre ce que l'enfant veut avoir et ce qu'il reçoit réellement. Si ce hiatus est trop grand, il y a souffrance. S'il est bien dosé, il fait surgir un espace de liberté dans lequel le bébé peut amorcer un mouvement de séparation après avoir été totalement plongé dans une relation symbiotique. Un tel dosage suppose, de la part des parents, la mise en jeu d'une qualité qu'on appelle l'empathie.

L'empathie

Que cache donc le terme «empathie»? Il s'agit d'une prise de conscience intuitive de la part d'un parent face aux premiers appels, aux inconforts et aux capacités émergentes de l'enfant, que ses signaux soient gestuels, toniques, émotifs, sonores, olfactifs ou préverbaux. Tel cri apparemment anodin est décodé comme un signal de souffrance et suscite un geste d'apaisement. Telle crispation tonique est entendue comme une demande de caresses, tandis que telle régurgitation est perçue comme une protestation. Tel mouvement de la menotte est perçu comme servant à désigner un objet et incite maman à prononcer un mot pour nommer la cible regardée ou un effort pour rapprocher cette cible. Cette connaissance intuitive participe à l'organisation du psychisme infantile si le parent est très proche du bébé sans se confondre avec lui. Sa colère, sa tristesse, sa joie, ses phases de solitude, son besoin de recevoir et de donner se distinguent de ceux du nourrisson. En même temps, ces émotions lui permettent de rejoindre une zone encore mal différenciée entre le monde purement sensoriel éprouvé et l'univers des premières représentations mentales qui se forment peu à peu chez le bébé.

L'enfant ne maîtrise pas encore les signes d'une communication réciproque, mais il est déjà un être de relation à l'autre. Il ressent le désir de se blottir, de se rassurer, de se mettre en retrait, de regarder ou de retrouver le monde du sommeil. Le parent a donc l'immense responsabilité d'accompagner l'enfant, à son rythme, en sachant doser les stimulations pour ne pas qu'elles deviennent trop envahissantes. Apprend-on l'empathie ? Probablement pas. C'est une disposition d'esprit préparée par tout ce qui s'est joué depuis qu'a surgi l'idée d'avoir un enfant. Cette disposition est modulée et améliorée au fil des jours dans cette rencontre ponctuée par des soins de maternage où le père joue également un rôle. Voici un exemple qui décrit l'importance de l'empathie, ainsi que sa force et ses difficultés.

Une mère est fatiguée par son travail professionnel ou déprimée par la monotonie de sa journée. Au cours de la soirée, elle se retrouve face à son bébé qui pleure. Dans l'éventail des significations de ces larmes et de ces cris, peut-être ne reconnaîtra-t-elle pas la signification de cet appel qui dit : « Prends-moi dans tes bras avant que je m'endorme ». Si elle ne se distancie pas un peu de ses propres émotions, elle aura tout naturellement tendance à penser qu'elle doit laisser dans son berceau ce bébé sans doute aussi « fatigué » qu'elle. En sens inverse, si le lendemain elle éprouve un grand besoin de rompre sa solitude en ayant près d'elle un petit être qui se blottit et la réconforte, elle risque de décoder les signaux de peine comme des demandes pour être bercé alors que cette fois-ci, le nourrisson veut que sa maman l'aide à s'endormir. Bien sûr, cet accordage empathique entre le parent et son enfant n'est jamais parfait. Il y a des erreurs, des contresens et des malentendus, ponctués de rage ou de chagrin. Ce décalage est d'ailleurs nécessaire pour que l'enfant apprenne à se débrouiller seul. Cependant, la justesse des réponses, la capacité de donner l'objet au bon moment, le réconfort, la stimulation souhaitée, tout cela joue un rôle décisif dans la mise en place progressive d'une sécurité de base chez l'enfant, ainsi que d'un sentiment de confiance en son entourage et en ses propres capacités.

Cette transmission se fait au fil des gestes qui ponctuent la vie quotidienne. Tout peut sembler insignifiant et anodin au premier abord, mais le talent intuitif d'un parent consiste à accepter et à partager ces phases de façon authentique afin qu'elles deviennent signifiantes pour l'enfant. On ne l'accompagne pas avec de grands discours, mais en posant les gestes qui ponctuent sa vie, du lever au coucher, en donnant ce meilleur de soi qu'est la disponibilité, tout en sachant parfois se retirer afin de découvrir aussi son propre plaisir, en dehors de son enfant.

Enfin, que permet l'empathie ? De donner les soins de base essentiels, « au bon moment », et d'assurer une qualité, une cohérence et une cohésion des stimulations, sans submerger le petit d'un trop-plein d'émotions qui ne combleraient pas ses besoins mais bien ceux du parent. L'empathie permet de déceler les moments où ces émotions deviennent trop fortes et doivent être filtrées en berçant, en rassurant, c'est-à-dire en devenant une sorte de barrière protectrice contre l'excès, quand les aptitudes émergentes du tout-petit ne suffisent plus. L'empathie transforme une relation qui pourrait devenir trop fusionnelle en un échange où l'autre, malgré sa fragilité et son inachèvement, joue déjà le rôle d'une personne à part entière.

Pour illustrer l'une des conséquences de cet accompagnement intuitif, on utilise souvent deux termes : « pare-excitation » et « contenant ».

Études-les.

Les fonctions de pare-excitation et de contenant

Nous avons dit à quel point l'enfant a besoin de stimulations variées et cohérentes pour bien se développer. Par des mouvements qui provoquent des sensations, par la mise en jeu de tous ses organes sensoriels, par les images qu'il suscite en lui-même, il déclenche également un flot de stimuli. Ces apports, provenant de l'extérieur ou de l'intérieur, sont parfois insuffisants – ce qui aboutit à une sorte de vide et d'incomplétude –, parfois trop abondants, trop rapides ou trop percutants – ce qui les rend impossibles à assimiler.

C'est là que la **fonction de pare-excitation** entre en jeu : elle repose sur une sorte de perception intuitive des besoins de l'enfant, afin de lui fournir des stimulations lorsque cela paraît nécessaire, de respecter des périodes de « libre » solitude lorsque l'enfant les désire, de filtrer les décharges sensorielles ou émotives lorsqu'elles deviennent excessives. L'enfant s'ennuie, ralentit sa motricité, traîne lamentablement d'une pièce à l'autre, et voilà que, « juste au bon moment », le parent apporte tel jeu oublié, suscite telle activité qui ravive son dynamisme, atténue l'étrange bouffée de tristesse qui l'envahit.

À un autre moment, l'adulte a envie de faire une promenade avec son fils ou sa fille, ou de lui offrir une câlinerie parce qu'il le voit isolé dans son coin, mais il pressent que l'enfant bénéficie du retrait dans lequel il se trouve : bébé imagine des rêveries ou, tout simplement, récupère des forces après une phase d'excitation. Vient un temps où apparaissent les premiers signes d'un envahissement : il faut atténuer les bruits, tamiser les lumières, arrêter une poursuite pourtant génératrice de grands éclats de rire. Au moment du coucher, il faut répéter telle histoire déjà racontée, prolonger un peu sa présence auprès du lit, revenir deux fois dans la chambre afin que les événements de la journée ne deviennent pas des fantômes engloutissant toute la pièce. Il se crée ainsi, au fil des jours, une sorte d'enveloppe qui peut aussi bien s'élargir que se rapetisser, et qui, par la justesse des attitudes, confère une impression de complétude.

La **fonction de contenant** complète la précédente. Nous la décrirons par rapport à un tout-petit ; nous verrons ensuite qu'elle est valable, à quelques différences près, pour des sujets plus âgés. Pleurer, crier ou éprouver des sentiments de rage, voilà des émotions inévitables. Plus l'enfant grandit, plus il peut les maîtriser par ses propres processus adaptatifs : il fuit la situation et se retire dans sa chambre ; il se tourne vers son jeu préféré et s'enferme momentanément dans une bulle protectrice ; il nomme ses émotions en se confiant à l'un de ses proches ; il bâtit une histoire avec les personnages de sa maison de poupées et trouve, grâce à ce scénario, une issue à son drame intérieur.

Un jeune enfant ne possède pas encore ces moyens que la maturation neurobiologique et cognitive lui fournira par la suite. Pour cette raison, il est plus fragile et surtout plus dépendant de son environnement. Il connaît des périodes au cours desquelles les attentes, les frustrations, les incompréhensions ou, tout simplement, les inconforts issus de son corps, tout cela devient trop fort pour qu'il l'assimile. De tels épisodes ne sont pas catastrophiques quand ils durent peu. Ils jalonnent inévitablement la trajectoire d'une existence ; désarroi et détresse font partie du lot de l'être humain. Cependant, si cela se répète trop, ou si cela persiste sans qu'un soutien ne soit apporté, le sujet est submergé par une grande vague d'émotions dont il ne sait plus que faire. Il n'est pas totalement démuni, même petit. Il peut se couper des stimulations globales en se fixant sur l'une d'entre elles, une lumière au plafond, un mobile qui se balance devant ses yeux. Il peut se réfugier dans le sommeil. Il peut mettre son pouce ou son poing dans sa bouche et retrouver, par ce suçotement énergique, une source de réconfort.

Il arrive cependant que la maman ressente la nécessité d'intervenir. Elle prend son petit dans ses bras et le serre contre elle pour qu'il se sente bien. Puis, tout doucement, elle le regarde, écoute ses plaintes et se met à lui parler comme si elle s'adressait à une personne disposant du langage. Le résultat donne à peu près ceci : « Oh, mon bébé a du chagrin… Il a trop longtemps attendu son biberon… Il est très fâché et il le dit fort… »

Que fait cette mère en agissant ainsi ? Elle reçoit le trop-plein d'émotions et le place en elle, comme s'il s'agissait d'un aliment difficile à digérer. Elle transforme ce contenu indicible, puis le restitue par des sons, des caresses et des mots qui ne sont sans doute pas saisis dans leur signification littérale, mais captés dans leur valeur protectrice, apaisante et cicatrisante. La maman devient momentanément le réceptacle d'un magma de sensations trop lourdes à porter et elle métamorphose en quelque sorte ce trop-plein en introduisant son petit dans un univers où les événements retrouvent un sens.

Cette fonction de contenant, un parent continue à l'assumer bien après les premières années ; lorsque son enfant se trouve blessé et désemparé à cause des réflexions d'un camarade, lorsqu'il est envahi par des frayeurs juste avant de se coucher, lorsqu'il se heurte à une injustice qui l'amène à croire que le monde le persécute… La fonction de contenant s'intègre alors à un autre élément de la compétence parentale : la capacité d'aider l'enfant à maîtriser son anxiété.

La capacité d'aider l'enfant à maîtriser son anxiété

L'anxiété est un mot difficile à définir tant ses significations sont multiples. J'ai hésité avant d'en proposer une définition qui recouvre autant ses aspects positifs que négatifs. Le propre de l'humain est de devoir affronter l'incomplétude. De façon inexorable, il prend conscience du hiatus qui existe entre ce qu'il est et ce qu'il voudrait être, entre ce qu'il fait et ce qu'il voudrait faire, entre ce qu'il possède et ce qu'il voudrait posséder. Il y a une sorte de tension jamais liquidée, une attente jamais comblée, une inévitable disproportion entre ses désirs et le moyen de les satisfaire.

Aussi aimés qu'ils puissent être, ni le nourrisson, ni l'enfant ni l'adulte ne peuvent trouver immédiatement toutes les réponses à leurs questions, tous les moyens d'assouvir leurs besoins. La quête d'amour est toujours plus grande que l'amour. Il en résulte une colère qui suscite des craintes de réponses agressives. Des interdits limitent la liberté tout en la rendant possible. Des dangers réels, accompagnés de peurs irrationnelles, laissent des traces qui, ajoutées à d'autres traces, peuplent l'imaginaire tout en faisant jaillir au fil des ans des signaux d'alarme dont on oublie les causes. Des questions aux réponses insolubles surgissent alors autour de l'origine et de la finitude. Cette crispation face à la vie peut devenir paralysante et se trouve d'ailleurs à la source de nombreuses manifestations morbides tantôt transitoires, tantôt presque permanentes. Elle est aussi une sorte de cri intérieur qui favorise la communication, motive les dynamismes et bouleverse des équilibres trop statiques.

Fort heureusement – et nous en reparlerons en abordant le rôle de l'enfant dans l'élaboration de la compétence parentale –, les êtres humains disposent d'étonnants moyens défensifs et adaptatifs pour utiliser cette force sans laquelle ils n'auraient sans doute jamais construit rien de durable ou de transmissible. Maîtriser cette anxiété reste un apprentissage long et jamais terminé, dont les débuts sont fortement liés à la qualité de l'environnement parental. Pourquoi en est-il ainsi ? Il faut tout découvrir pour passer du petit sortant du ventre maternel à l'adulte capable de penser, d'échanger, d'expérimenter et de créer sa place au sein d'un groupe. Un tel cheminement ne peut se faire sans égratignures, et c'est l'un des rôles essentiels des parents que d'atténuer les chocs contre les parois du tunnel inaugural qui porte le nom d'enfance.

Depuis les soins de base jusqu'à l'empathie, en passant par la justesse des réponses et le filtrage des émotions, un sentiment de sécurité se constitue et permet d'aborder des situations difficiles et même de s'en enrichir. Il y a en effet un paradoxe dont il faut souligner l'importance. Si l'enfant doit se sentir en sécurité dans son creuset familial, il lui faut aussi développer une sorte d'état d'alerte qui l'autorise à prévoir puis à juguler les événements anxiogènes. S'il doit se sentir en confiance dans son environnement, il lui faut aussi avoir un certain degré de méfiance afin de rester vigilant et de développer un esprit critique. Il lui faut sentir autour de lui un regroupement d'humains prêts à le soutenir, mais il lui faut également des périodes de séparation pour découvrir peu à peu la réalité de sa solitude.

L'enfant apprend donc à maîtriser son anxiété, non seulement en fonction de ses propres forces, mais aussi de ce dosage intuitif d'apports, de réconforts et de distanciations qui solidifient peu à peu ses capacités défensives tout en le rendant disponible à autrui. Ce mouvement libérateur s'effectue quand le parent s'appuie autant sur les comportements concrets de son enfant que sur sa faculté d'anticiper ses comportements à venir.

La fonction anticipatrice

Tout enfant est un formidable lieu de rêveries. Comme il ne parle pas, et comme les signaux sonores, gestuels et émotifs qu'il reçoit sont encore indistincts, il doit décoder des comportements dont la signification lui demeure incertaine. Lorsqu'il pourra s'exprimer, il restera « ce sujet qui va grandir », c'est-à-dire ce sujet dont la trajectoire, longtemps avant d'être vécue, est imaginée par la maman et le papa. Nous voyons toujours notre enfant non pas tel qu'il est, mais tel que nous l'espérons. Par nos désirs et nos espoirs, nous modelons une façon d'être qui n'existe pas encore.

Par sa présence, l'enfant nous force à évoquer ce qui n'est pas encore tout à fait évoqué, à penser ce qui n'est pas encore réellement pensé, à capter des signaux qui n'ont pas encore valeur absolue de signes. Si bébé a une colique qui déclenche une contraction de ses lèvres, nous pouvons aussi bien voir cette contraction comme un sourire, simplement parce que nous attendons de lui les débuts d'une communication émotive. Nous entendons un cri, nous le plaçons dans le registre de l'appel, et nous lui disons alors: « Bébé veut son hochet » ? Par le jeu d'une hallucination, nous le voyons communiquer bien avant qu'il ne devienne un être de langage. Il s'étire dans son berceau et nous voyons dans ce geste anodin un mouvement affectueux qui suscite en nous un discours gestuel et émotif allant bien au-delà de l'intention de l'enfant.

Reprenons l'exemple de la parole pour faire comprendre la force étonnante des mouvements anticipateurs. Lorsque l'enfant commence à émettre des sons, un parent peut décoder ces bruits comme s'il signifiait telle ou telle demande. Un peu plus tard, lorsque le même enfant émet ses premières lallations, ce ne sont pas de simples « dada » qu'il tire de ces émissions. Les premiers phonèmes sont souvent entendus comme s'il s'agissait des mots « maman », « papa », ou le nom de quelque autre personne aimée. La mère, le père, les frères et les sœurs, les mamies et les papis renvoient donc sans cesse, face à ce petit être humain, un ensemble de syllabes, de mots, voire de phrases qui l'introduisent dans une langue donnée avant même qu'il n'en saisisse le sens littéral. Bébé est un être de relation et il perçoit, dans le bain sonore qui lui est fourni, un appel à la communication. Par conséquent, il capte peu à peu ces signaux, transforme son bagage primaire de sons en des intonations qui correspondent à sa langue maternelle, découvre que ses nouvelles productions sonores déclenchent chez les autres l'émergence d'autres productions verbales, accompagnées de gestes, de mimiques et d'approbations.

Ces stimuli sont de mieux en mieux intégrés puisque son système nerveux central se complexifie et puisque ses centres du langage deviennent disponibles, initiant l'enfant aussi bien à un vocabulaire et à une construction syntaxique qu'à une certaine intonation de la voix, elle-même dépendante des émotions. Une étonnante spirale s'établit de la sorte, l'environnement proposant une langue et l'enfant se créant ses propres structures langagières. On le voit babiller tout seul, s'enchanter et rire en entendant ses nouvelles sonorités, essayer celles-ci devant un entourage qui s'attend à de tels progrès. Plus tard, on le verra même faire volontairement des erreurs afin qu'elles soient rectifiées, jouer avec les mots afin de les maîtriser, utiliser ce langage nouvellement acquis pour désigner, s'opposer, s'affirmer, interroger, représenter et évoquer, tout en renforçant de tels essais par une gestuelle elle-même améliorée.

Ce rôle d'anticipation positive, ce miroir, qui structure le monde de la pensée autant que la manière de faire, continuera longtemps à être l'un des vecteurs déterminants du développement. En effet, les parents et toutes les personnes faisant partie du réseau de l'enfant projettent sans cesse sur lui des attentes et lui proposent ainsi un ensemble de « modèles » où il est difficile de faire la part de la réalité et de l'imaginaire. En fonction de ses modes d'intégration et de réponses, de son âge, de son sexe, de ses expérimentations, de ses forces et de ses faiblesses, l'enfant réveille sans cesse chez l'adulte son propre noyau d'origine, ses désirs de réalisation et ses craintes devant telle ou telle expérience. Il se trouve ainsi enveloppé dans une sorte de diaporama existentiel qui lui fournit des images actuelles et à venir.

L'enfant aussi, de son côté, anticipe un parent en devenir. On ne souligne pas assez souvent cet aspect. De même qu'on ne voit pas l'enfant tel qu'il est mais tel qu'on voudrait qu'il soit et qu'il devienne, de même l'enfant côtoie un parent réel et un parent de rêve, celui qu'il voudrait rencontrer, celui dont il espère telle ou telle réponse. Dans une rencontre privilégiée entre le petit et sa maman, son papa ou tout autre protagoniste du groupe familial, il y a donc des échanges qui partent de la réalité quotidienne et qu'on pourrait appeler «l'ici-et-maintenant journalier». Cependant, il y a un autre niveau de communication tout aussi important: c'est celui des projections réciproques qui placent sur «l'anodin du quotidien» un halo constitué des espoirs, des déceptions et des attentes de chacun par rapport à l'autre.

Une famille, c'est finalement un formidable lieu d'évocations où chacun, devançant l'ordre du temps, voit l'autre en deçà et au delà de ce qu'il est, tout en se construisant et en se transformant par l'accumulation des rêves et des rêveries de chacun. Une telle constatation fait mieux comprendre pourquoi on ne peut jamais répondre à la question «Qui suis-je» sans soulever cette autre interrogation : «Qu'ai-je été pour l'autre qui m'a aidé à me construire»?

Ces forces projectives et anticipatrices sont essentielles à plusieurs points de vue:

- D'abord, elles incitent à proposer à l'autre et à soi-même des images qui modèlent la manière d'être, de penser et d'agir de chaque protagoniste du groupe familial.

- Ces images tirent leur origine autant de l'histoire passée que des événements actuels. Elles sont donc en partie conscientes et en partie inconscientes. Nous mettons sur nos enfants les « fantômes de notre passé », et il n'y a rien d'effrayant à cela puisque le dynamisme parental prend sa source dans ce qui est présentement, dans ce qui a été par le passé et dans ce qu'évoque l'avenir.
- À notre insu, ces images colorent nos attitudes et créent des empreintes dont l'enfant se sert, bien qu'il en ignore la provenance. À tel ou tel moment, nous ressentons des colères, des plaisirs ou des déceptions, autant d'émotions que nous ne communiquons pas directement, mais qui motivent nos actions et déposent des marques imprégnant peu à peu le langage émotif de l'autre.
- Il faut oser se dire que la construction de ces anticipations peut aussi être problématique. Quand un parent connaît depuis longtemps un vif sentiment d'échec, il est évidemment plus sensible aux faux pas, aux tâtonnements et aux erreurs inévitables de son enfant. Le parent risque alors d'interpréter des situations, banales en soi, comme des indices d'un grave trouble ultérieur. Au lieu de rassurer l'enfant et de lui donner ainsi une image positive, il peut à son insu provoquer chez lui des sentiments de dévalorisation, ces sentiments qu'il voulait précisément éviter de communiquer. Certes, quand l'adulte a connu une enfance difficile, il utilise sa souffrance intérieure dans le sens d'une réparation dynamique de ses blessures. Cependant, il risque de devenir intolérant face à des manifestations anodines et de les décoder comme des signaux apeurants qui lui rappellent de manière insupportable les aléas de sa propre jeunesse.

Il est donc souhaitable de porter un regard lucide sur sa propre aventure d'enfant, d'adolescent et de jeune adulte, afin de mieux comprendre le poids de cette aventure dans la démarche parentale. Il est parfois nécessaire de le faire dans un accompagnement prudent et respectueux, surtout lorsque le poids du passé et du présent devient trop lourd et submerge les modes relationnels avec l'enfant. Le fait de s'interroger sur les anticipations que nous bâtissons à partir de la manière d'être de nos fils et de nos filles peut être d'un grand apport, non seulement pour eux, mais également pour reconnaître nos forces et nos limites.

Les fonctions d'illusion et de désillusion

Dans les pages précédentes, nous avons dit à quel point il était important d'apporter à l'enfant des stimulations régulières, cohérentes et suffisamment nombreuses, tout en tenant compte de l'émergence de ses capacités et de ses désirs. Nous avons également montré à quel point il était nécessaire de reconnaître intuitivement les attentes de l'enfant pour y répondre de la manière la plus adaptée possible, tout en sachant filtrer et contenir ce qui pouvait devenir envahissant. Lorsque ces conditions sont remplies, le petit garçon ou la petite fille développe au plus profond de sa personne un sentiment de sécurité et de confiance envers son environnement, sans toutefois perdre sa capacité de se mettre en état d'alerte, puis de se défendre lorsque surgissent inévitablement des phases d'agression, de solitude ou de désarroi. Grâce à la répétition d'expériences rassurantes, l'enfant s'imprègne de traces sensorielles, toniques et émotives qui lui donnent la conviction d'être un sujet désiré. Percevant l'environnement comme un «bon contenant», il devient lui-même sensible aux «bons apports» de ses parents et, par une sorte d'osmose, il se vit comme un sujet digne d'être aimé.

Ainsi l'estime de soi, qui sera renforcée mais aussi ébranlée par maintes circonstances ultérieures de la vie, se bâtit dès les premières années de l'existence. Le sujet peut s'aimer, puisque toutes les expériences accumulées lui démontrent qu'il est un sujet désiré et compétent. La justesse des réponses – par exemple lorsqu'il a faim ou soif, quand il veut être réconforté ou bercé – crée une sorte d'univers magique dans lequel le parent tout-puissant donne au nourrisson ce dont il a besoin avant même que ce dernier ne le réclame consciemment. Il existe donc une sorte de phase d'illusion où le petit enfant peut évoluer dans un creuset plus complexe et plus tumultueux que l'univers utérin, mais tourné inconditionnellement vers sa « volonté » toute-puissante. Au fur et à mesure que l'enfant grandit, cette illusion du « tout-être » et du « tout-avoir » s'évanouit. La réalité quotidienne, avec ses multiples exigences adaptatives, et la vie collective au sein d'une famille transmettent à l'enfant des messages redoutables mais nécessaires :

- Bien qu'étant d'abord et avant tout un être de relation et d'action, ce petit garçon ou cette petite fille devra connaître la solitude et la rupture.
- Bien qu'aspirant à la fusion avec sa maman ou son papa (cet état originaire), il devra accepter la séparation et le partage.
- Bien que connaissant des périodes de quiétude, de complétude et d'abandon total, il devra se rendre compte, au fil des ans, qu'il est aussi un être de souffrance, et que celle-ci prend ses racines dans son corps ou dans le décalage entre ses aspirations et ce qu'il est, sera, pourra et recevra.
- Bien qu'étant « un élan de vie », il devra faire l'apprentissage du deuil, puis découvrir qu'il est lui-même un être mortel. Cette prise de conscience l'amènera à trouver

sens à sa finitude sans jamais connaître la véritable valeur de ses réponses.

- Bien que souhaitant vivre en harmonie avec les autres, il devra découvrir les rapports de forces, les injustices et l'envie.

La rencontre d'un tel univers conflictuel n'a rien de négatif en soi. Si l'être humain était béatement satisfait de lui sans connaître le poids de ces multiples angoisses précédemment énumérées, il n'aurait pas ce désir créateur de changer, de lutter, de bâtir, de créer des projets, d'aspirer à un ailleurs, c'est-à-dire de s'inscrire dans une morale, une éthique et une spiritualité. Paradoxalement, deux conditions opposées peuvent bloquer une telle dynamique:

1) D'abord si le creuset d'accueil est négligent, maltraitant ou indifférent au point que les assises de la future identité ne peuvent s'édifier; l'autre est alors un étranger ou un persécuteur, et les faibles forces dont l'enfant dispose ne sont utilisées que pour juguler l'hémorragie psychique qui découle des blessures relationnelles s'ouvrant et s'infectant sans cesse, du moins tant que l'enfant ne trouve pas un entourage susceptible de panser ces plaies et d'en favoriser la cicatrisation. Les attitudes qui en résultent oscillent entre le retrait, l'hostilité et la méfiance. Il y a effondrement du dialogue inter-humain.

2) L'autre condition pathogène est le refus chimérique de la part des parents de «désillusionner» l'enfant. En construisant le mythe de l'enfance éternellement heureuse et vivant dans l'innocence, de tels parents veulent construire pour leur petit un monde qui n'existe pas. Ils le font d'ailleurs souvent par peur de le perdre s'ils lui imposent des frustrations. Ils en font un «enfant-roi», c'est-à-dire un

personnage qui se croit au sommet de la hiérarchie et qui cherche à faire de tous ceux qui gravitent autour de lui des disciples ou des esclaves chargés de le gratifier continuellement. Puisqu'une telle structure existentielle est impossible, l'enfant qui n'est pas préparé aux affrontements quotidiens vit toute limite sous le signe de l'injustice, de la persécution et du rejet. Cette situation aboutit à peu près aux mêmes résultats que la précédente.

Que ce soit parce qu'il n'a pas été aimé, comme dans la première situation, ou parce qu'il a été mal aimé, comme dans la deuxième, la rencontre avec l'autre devient un combat auquel il n'est pas préparé, car son aventure de vie ne lui a pas fourni les forces nécessaires pour bien le mener. Quand, par périodes, il réussit à gagner, il devient un tyran générateur de solitude, de haine et de répression. En revanche quand il perd, il se met en position de victime et se sent persécuté. Il ne peut imaginer le monde qui l'agresse, puisque les règles permettant d'établir des liens réciproques ne lui ont jamais été ni témoignées ni transmises.

Ce passage nécessaire de l'illusion à la désillusion peut faire peur à des parents qui aiment profondément leurs enfants. Pourtant, ce passage est fondateur. Une petite anecdote fera aisément comprendre le rôle d'un tel franchissement.

Une jeune maman reçoit la visite de quelques-unes de ses amies. Son nouveau-né pleure, mais la jeune femme ne semble pas s'en faire, elle ne va pas le voir et le laisse pleurer. Cela dure un certain temps. Pourtant, cette mère est bien intentionnée à l'égard de son enfant. C'est pourquoi ses visiteuses se surprennent de son attitude. Elles sont inquiètes d'entendre de tels pleurs. Bientôt, elles se permettent d'exprimer leur désarroi : « Le bébé… il pleure ! » La maman déclare alors tranquillement, avec un sourire amusé : « Je sais… Ça lui fait les poumons ! »

De prime abord, cette réponse paraît sadique. En réalité, elle est géniale. Cette mère connaît bien son enfant. Intuitivement, elle sait que les cris qu'elle entend ne sont pas des cris de détresse ou de rage incontrôlable. Elle pressent qu'il est bénéfique de créer un léger décalage par rapport à ses attitudes habituelles, et elle décide de le faire attendre au lieu de prendre le petit dans ses bras. Ce décalage est bénéfique car il favorise la mise en place d'un temps de latence au cours duquel l'enfant mobilise ses propres processus adaptatifs pour trouver une issue à son malaise. Loin d'être un acte cruel, ce non-déplacement constitue un geste de confiance envers le bébé. En quelque sorte, la maman ose lui dire : « Tu ne peux pas être éternellement en symbiose avec moi. Tu vas apprendre, à ton rythme et grâce à mon accompagnement, à utiliser la solitude pour affronter seul des périodes difficiles, mais courtes. »

- Par un discours de ce genre, le parent reconnaît la valeur du conflit. Celui-ci est pathogène quand il dépasse les capacités de l'enfant à le résoudre. Cependant, si le conflit est dosé et modulé selon les besoins de l'enfant, et si celui-ci reçoit en même temps du soutien, des messages d'espérance (« tu es capable ») et une petite poussée intrusive pour trouver l'élan nécessaire, alors l'obstacle lui donne l'occasion d'exercer ses forces. S'il relève le défi, alors le conflit se transforme et génère de la fierté. Il constitue une sorte de tremplin pour propulser un mouvement qui servira à d'autres réalisations. Il provoque un peu de souffrance transitoire, mais il force à remettre en cause l'attitude passive et la perception selon laquelle l'environnement est tout-puissant et peut résoudre tous les problèmes. Il suscite ainsi l'émergence d'une nouvelle perception à valeur structurante qui fait sentir à l'enfant : « Je possède en moi, jusqu'à une certaine limite, les moyens de surmonter le conflit. »

- Désillusionner l'enfant ne veut donc pas dire lui donner une vision pessimiste de l'existence, bien qu'il lui faille inévitablement découvrir sa condition d'être humain à la fois isolé et dépendant des autres. Le désillusionner, c'est l'aider à se séparer du creuset originaire pour devenir « individué », c'est-à-dire à la fois semblable et différent d'autrui; c'est l'inviter à mettre en jeu les multiples mécanismes d'adaptation qui le rendent humain, c'est-à-dire unique parmi ses congénères. L'enfant possède d'ailleurs en lui ce désir de réalisation.

Contrairement à ce qu'on pourrait penser, ce n'est pas dans les bras de sa mère que le tout-petit est le plus productif. C'est là qu'il acquiert la capacité de se développer sur le plan émotif, mais ses expériences les plus originales se produisent lorsque l'adulte le dépose sur le sol et l'entoure de quelques jouets, le laissant seul tout en demeurant dans un rayon d'écoute et de vision assez restreint pour que l'enfant se sente en sécurité. Dans cette phase privilégiée, on le voit choisir la posture qui lui convient le mieux: l'un s'installe à plat ventre sur le tapis, l'autre se penche sur le côté, un troisième s'étend sur le dos, les mains devant les yeux. Ayant ainsi trouvé une bonne position de départ, l'enfant prend un jouet, le suce, le regarde, le secoue afin d'en tirer éventuellement un son puis, ayant regroupé ses modalités tactiles, gustatives, visuelles et auditives, il se déplace légèrement, découvre un autre objet, le compare au premier, paraît l'abandonner parce que sa concentration fléchit, puis recommence son expérimentation sans se lasser, reprenant tour à tour dans ses mains chacun des deux jouets. Si un objet choisi tombe et qu'il ne parvient pas à le ressaisir, il pousse un petit cri, jette un regard vers sa maman pour solliciter une aide éphémère, puis reprend seul le schème créateur amorcé.

Il lui faut une présence formant une sorte de halo protecteur, mais il lui faut également trouver un espace de liberté qu'on appelle souvent « transitionnel », c'est-à-dire encore relié à la zone maternante tout en devenant ce lieu de création qui, un peu plus tard, deviendra l'univers des jeux : on fera semblant, on imaginera des situations, on explorera ensuite la sphère des créations personnelles, qu'elles soient manuelles, intellectuelles ou artistiques.

- Parmi les processus utilisés pour devenir un être créateur de son propre destin, la naissance d'une vie imaginaire est capitale pour le bien-être du sujet. Encore une fois, le parent va jouer un grand rôle dans le développement de cette faculté d'évoquer et de penser.

L'accompagnement de la naissance de l'imaginaire

Si les gratifications et les apports sont nécessaires pour que se construise en l'enfant un monde imaginaire, il faut également (et cela paraîtra sans doute curieux) qu'il ressente des privations face à ses demandes. Un tel mécanisme d'élaboration rejoint les réflexions précédentes sur la désillusion. Un être dont toutes les attentes sont comblées est sans doute heureux sur-le-champ, mais il ne crée pas de distance entre lui et son environnement. S'il connaît des délais convenables, s'il ressent des frustrations raisonnables, il enclenche un processus tout à fait extraordinaire qui consiste à transformer les frustrations et à édifier, face aux désirs non comblés, des images qu'il pourra à nouveau évoquer lorsque le besoin s'en fera sentir. Dans le langage psychologique, on dit qu'il « construit une réponse hallucinatoire pour combler son désir insatisfait ».

Ce mécanisme semble se mettre en place très tôt dans la vie de l'enfant et cela, de façon inconsciente. Bébé appelle sa maman qui ne vient pas. Puisqu'il a déjà fait l'expérience d'une mère rassurante qui lui apportait souvent ce dont il avait besoin, il peut remplacer ce parent absent par l'évocation de quelque chose qui rappelle sa présence. On ne connaît évidemment pas, de manière précise, le contenu de telles évocations. S'agit-il de la forme globale de la mère, du père ou de toute autre personne investie ? S'agit-il de zones corporelles reconnues, comme les yeux, le sein et la voix, ou des représentations à caractère plus sensoriel comme des textures, des couleurs, des odeurs ou des sons ?

Ce qui est certain, c'est qu'on voit l'enfant se calmer quand il suce un objet, quand il empoigne une étoffe imprégnée de l'odeur du parent. On le voit aussi repousser, mordre et jeter ces mêmes objets dans des moments de colère, comme s'il pouvait ainsi placer ses émergences d'amour ou d'hostilité sur des supports matériels qui ont un lien précis avec les personnes de son entourage.

On appelle fantasmes ces mécanismes inconscients et primitifs. Les parents, par leur va-et-vient et la variation de leurs attitudes, les modulent sans cesse, tout en ne pouvant pas savoir ce qui se passe dans le psychisme de leur petit. À ces fantasmes s'ajouteront plus tard des rêveries plus conscientes, puis des évocations transmises par la gestuelle, la parole, le dessin ou le jeu. Voici une anecdote qui démontrera l'importance de cette montée progressive de l'imaginaire et de sa maturation lorsque l'enfant grandit.

Pierrot, un jeune garçon de neuf ans, jubile : au cours du week-end prochain, il assistera à un spectacle de marionnettes qu'il attend depuis longtemps. Le moment tant souhaité arrive. Or, juste à ce moment-là, la voiture de ses parents tombe en panne et il n'y a rien à faire pour corriger la situation. L'enfant ne verra donc pas ce fameux spectacle. Extrêmement déçu, il se met en colère et lance à ses parents des injures inacceptables. On le prie d'aller se calmer dans sa chambre. Il s'y rend, claque la porte, bouscule les objets disposés sur sa table de chevet, envoie un coup de pied rageur à la corbeille de papier tout en prononçant des paroles haineuses envers son père et sa mère. La crise approche, à moins qu'il ne mette en jeu quelque mécanisme palliatif. Enfouie en lui, une voix lui dit d'arrêter: il aime ses parents malgré cette période transitoire d'hostilité, et il sait qu'ils n'ont pas fait exprès pour le priver de son plaisir. De plus il tient à sa chambre, qui est son territoire, et ne veut pas la détruire. Il se sent submergé par une vague de culpabilité, en raison des injures qu'il vient de prononcer. Le voilà dans une impasse.

C'est grâce à la mise en jeu de son imaginaire qu'il s'en sort. Il lui vient à l'idée de prendre une feuille de papier, d'y dessiner une maison avec une fenêtre dont les rideaux ressemblent à ceux de la chambre de ses parents. Tout en haut de la feuille, il dessine une fusée Pershing menaçante. Puis, rageur, il dirige l'engin meurtrier sur la cible parentale, saisit un crayon feutre rouge et s'en sert pour incendier la maison. Il recommence une fois, deux fois, sans trop savoir la signification de ce dessin à la fois morbide et libérateur. Peut-être aura-t-il besoin de rester encore quelques minutes dans la solitude de sa chambre pour organiser une bataille entre quelques-uns des personnages qu'il tirera de son coffre à jouets. Ensuite, calmé, il ressortira, fera de brèves excuses ou sollicitera un partage d'activités.

L'imaginaire, exprimé ici par le dessin et le jeu, rend possible l'impossible: il atténue et fait dériver l'immense agressivité qui a été momentanément soulevée par l'affrontement avec le déplaisir. Dès que l'être humain arrive à utiliser librement ce moyen, sans en nier l'importance et sans s'en laisser submerger, il dispose d'un prodigieux outil d'adaptation. Il peut éviter la recherche immédiate des satisfactions. Il peut dominer une partie de ses peurs. Il peut supporter des phases de solitude. Il possède désormais une capacité d'être hors du temps et de l'espace, tout en devenant créateur d'une fantasmagorie dont les personnages sont à la fois aventuriers du réel et porteurs de rêve. C'est l'enfant lui-même qui découvre ce nouvel outil. Cependant, les parents peuvent le renforcer et l'enrichir, non seulement par les alternances déjà signalées de gratifications et de frustrations, mais également en cultivant d'autres attitudes.

Ainsi, pour que se constitue un espace créateur dans lequel s'épanouira le monde des rêveries et des évocations imaginaires, il faut au préalable que l'enfant ne soit pas trop plongé dans l'immédiateté. La vie quotidienne comporte des périodes intenses où il faut se dépêcher, mais elle peut également comporter des phases de détente où l'on prend le temps de faire les choses parce qu'il y a moins d'exigences extérieures et parce que le droit au silence et à la solitude est non seulement consenti, mais valorisé et privilégié. C'est dans de tels moments que l'esprit peut errer et inventer des scénarios où fées, princes, princesses, monstres et créatures étranges se mettent à occuper un espace désormais libéré des contingences immédiates.

Au sein d'une famille, lorsque des tensions surgissent – soucis conjugaux, professionnels ou financiers –, et lorsque l'existence devient trop lourde – que ce soit à cause de l'exiguïté des pièces, des bousculades autour des horaires ou des inquiétudes face à l'avenir –, il devient difficile pour les parents de créer un état de quiétude dans lequel le rêve prend tout naturellement sa place. Au nom de l'efficacité, ils peuvent même – à leur insu – condamner cet état de rêve en considérant comme du temps perdu ces heures au cours desquelles l'enfant manipule ses jouets, se raconte des histoires, se bâtit un jardin secret et y sème les graines de l'aventure. Face aux tracas quotidiens, il est tentant de laisser le petit garçon ou la petite fille devant un jeu vidéo dont le but consiste à répondre le plus rapidement possible à un stimulus visuel en envoyant un projectile ou en se posant sur un socle tout en évitant de réfléchir, car tout délai dans la réplique débouche sur un échec. L'imaginaire n'a pas beaucoup de place dans ce genre d'activité. Action et réaction sont les seuls objectifs poursuivis. Cela n'est pas mauvais pour acquérir des réflexes rapides, mais risque de stériliser à la longue le plaisir d'inventer sa propre aventure.

Encourager le développement de l'imaginaire suppose, de la part des parents, un certain plaisir à raconter des histoires, à se sortir de la concrétude par l'entremise de livres d'images, en évoquant les contes de l'enfance, en transmettant une tradition orale par la magie du récit. Le « Il était une fois… » est une phrase à valeur structurante, puisqu'elle propose l'ouverture vers un ailleurs. Elle dépasse le possible, tout en rejoignant deux noyaux originaires : l'enfant qui veut être créateur de son devenir et le parent qui retrouve la fascination d'effacer l'impossible.

Les fonctions d'autorité

Les réflexions émises au sujet des contraintes que doit affronter l'enfant dans sa découverte des personnes et des objets nous amènent à aborder le difficile problème de l'autorité des parents. Très tôt le petit humain se retrouve dans un milieu qui lui impose des limites. Cela commence par un certain rythme alimentaire, même quand la maman donne le sein en fonction des réclamations du petit. Cela continue par des injonctions en ce qui concerne des actes visant à explorer l'environnement : on ne peut pas toucher à tout, on ne peut pas tout sucer, tout jeter, tout casser, tout garder pour soi. Cela se prolonge avec ces périodes ponctuées de joie et de refus au sujet du contrôle des sphincters : on ne peut pas éliminer n'importe où, et chaque pipi ou caca déposé là où il le faut est suivi d'un bravo.

Ensuite les interdits se mettent à ponctuer les journées quand la motricité de l'enfant se développe suffisamment pour qu'il rampe puis qu'il marche, élargissant ainsi son horizon. Ces interdits sont très nombreux : l'analyse d'un discours maternel quotidien adressé à un enfant de 10 ou 11 mois permet de découvrir qu'en général, près de 70 pour cent des messages sont des mises en garde ou des injonctions. Il existe donc une sorte de pression exercée régulièrement sur un jeune enfant pour qu'il s'adapte à un certain nombre d'exigences, ce qui permet d'éviter le danger et favorise une adaptation à l'environnement, tout en visant une certaine forme de convivialité. La répétition, les témoignages, les renforcements – exprimés de façon gestuelle ou orale lorsque l'enfant se conforme à la discipline – permettent au petit d'intégrer un ensemble de règles. Dans un premier temps, ces règles sont purement liées à la présence de la personne qui les dicte ; puis elles se transforment en une sorte de présence psychique qui éveille un malaise dès que les directives sont bafouées.

Cette phase, appelée « surmoïque », est fragile dans ses résultats, car elle n'est pas sous-tendue par la prise de conscience d'une responsabilité envers soi et envers autrui. Au cours de cette phase, l'enfant doit accepter des points de repère de façon relativement passive, et appliquer des règles par imitation, par empreintes et par crainte de ne plus être aimé si la personne qui a imposé ces règles se rend compte qu'elles ont été transgressées. Hors contexte, l'interdit n'est pas inscrit en soi. Situées dans un contexte, les transgressions aboutissent à des attitudes fort éloignées d'une morale : l'enfant doit cacher, mentir, dénoncer l'autre à sa place, trouver un alibi, c'est-à-dire sortir par tous les moyens possibles de la situation pénible où il se trouve plongé. Une fois réconcilié avec la personne aimée, l'enfant peut considérer l'acte coupable comme n'ayant plus grande importance dans ses répercussions éventuelles.

Il y a donc une période paradoxale qui déroute parfois les parents. Pour acquérir une morale, c'est-à-dire un ensemble de valeurs fondatrices de son identité, tout en sachant reconnaître l'existence des autres et leurs droits, l'enfant doit passer par une sous-morale égocentrique et finalement asociale. Dans cette sous-morale, le « pas-vu-pas-pris » devient le moteur des actions et cela, au nom d'un amour porté à l'autre. Pour opérer la genèse d'une conscience morale qui sache s'éloigner en partie de ces premiers interdits archaïques, il faut réunir plusieurs conditions :

- Il faut que se produise une certaine individuation. Tant que la dépendance est telle que toute rupture devient synonyme de perte et d'abandon, le dynamisme ne peut s'axer que sur la possession crispée de son droit à posséder totalement l'environnement, tout en subissant des exigences encore mal comprises.
- Dès que ce processus de séparation est amorcé, il faut présenter des choix dont les avantages et les inconvénients sont clairs. Le fait de faire pipi dans un pot ou sur le tapis constitue un choix parfaitement neutre au départ. L'une de ces deux possibilités incite l'entourage à exprimer sa satisfaction. L'enfant voit donc un certain intérêt à faire ce choix, tout en sachant qu'il peut encore expérimenter l'autre possibilité. À la lumière des essais successifs, une motivation vers l'une des directives se précise peu à peu.

- Les messages adressés à l'enfant doivent être répétés de façon identique, et être cohérents parmi les membres de la famille. Ils doivent surgir d'un désir dont la réalisation se concrétisera par des renforcements positifs et des témoignages d'amour. Gardons à l'esprit l'exemple du « Deviens propre et ton entourage sera fier ». En ne transgressant plus les règles, l'enfant accepte d'abandonner sa toute-puissance. Or, il découvre alors que ces habiletés, acquises au prix de tant d'efforts et de compliments, deviennent banales. Il ne tire plus aucun bénéfice secondaire à maîtriser ces habiletés. L'entourage ne souligne plus ni son acceptation ni son refus. Cela suppose que d'autres défis l'attendent, qui éveilleront d'autres luttes, car l'obéissance aux règles parentales procure du bien-être, et les directives accompagnées d'encouragements et de sanctions centrent l'intérêt sur l'enfant, ce qui n'est pas sans avantage pour lui.
- Au fur et à mesure que les capacités intellectuelles se développent, l'enfant comprend les explications données par rapport aux efforts demandés et se construit lui-même des conceptions éducatives. Quand il y a une fratrie, il est assez fréquent d'entendre un aîné présenter au puîné tout un ensemble de consignes que ce dernier n'avait pas encore intégrées.
- L'enfant intériorise l'instance qui interdit et les interdictions sont tantôt appliquées à la lettre, tantôt délibérément refusées, tantôt interpellées et, bientôt, discutées. On assiste à un processus de distanciation qui permet à l'enfant de personnaliser ces règles de vie et de les faire siennes. Quand le parent sait répondre aux questions sans supprimer l'essentiel du contenu des règles, mais sans non plus refuser les nuances, alors les réactions de

l'enfant prennent une autre coloration face à la transgression de ces règles. S'il continue à craindre les réponses parentales devant ses refus, il devient plus enclin à reconnaître les dérapages, car il se rend compte à plusieurs reprises que ses « bêtises », même si elles sont sanctionnées, ne lui font pas perdre l'amour des siens. Il arrive même que des aveux déclenchent un surcroît d'attentions ainsi que des messages de valorisation.

Dans la mesure où l'enfant découvre une convergence évidente entre les règles dictées et l'application de celles-ci par l'ensemble des membres de la famille, il s'imprègne d'une éthique, c'est-à-dire d'un code de vie qui, malgré ses pesanteurs, améliore manifestement les interactions réciproques. On peut se dire des petits secrets, même s'il existe une zone inconnue en chaque protagoniste. On peut se contredire sans que cela n'entraîne des drames persistants, ni entre parents et enfants ni entre conjoints. Des valeurs émergent, comme le respect entre personnes, le droit de conserver ses biens – tout en devant parfois les partager –, le plaisir de clarifier des non-dits, l'acceptation des différences – dans la mesure où elles ne gênent pas les autres –, la fierté de réussir, etc. Sans doute conserve-t-on, enfouie en soi, une étrange structure qui donne envie de régler les faux pas par la négation ou par la fuite. Cependant, une organisation psychique plus complexe et surtout moins rigide se superpose à cette structure. Le sentiment de la responsabilité l'emporte alors sur celui de la culpabilité.

Le passage du surmoi à la conscience morale suppose quelques autres conditions :

- La mise en place d'une éthique familiale clairement définie, sinon dans les termes du moins dans les actes, éthique généralement liée elle-même à une tradition générationnelle.

- Un authentique partage des responsabilités, dans l'égalité et avec des alliances entre les membres du groupe, ainsi qu'un sentiment de solidarité envers l'ensemble des petites sociétés auxquelles appartient l'enfant : école, loisirs, voisinage, famille élargie, amis.
- Un « code de vie » comportant certains points de repère intangibles qui structurent l'organisation familiale. On peut inclure ici la présence aux repas, les règles d'hygiène, les services dont chacun prend la responsabilité, le respect des zones d'intimité, les préparations scolaires… Ces références s'appuient essentiellement sur le « ici-et-maintenant » d'un vécu partagé, dont le déroulement entraîne souvent des affrontements pour des détails (bruits, déplacements, horaires, jeux mutuels), mais suscite en revanche les joies les plus authentiques autour de rituels (anniversaires et regroupements traditionnels).
- Une application des règles proposées par l'ensemble du groupe familial, incluant les parents et la fratrie. Cela n'est pas simple à réaliser, car les droits et les devoirs de chacun ne sont pas les mêmes selon les âges, les rôles et les fonctions. Cependant, quand chacun reconnaît que ces droits et devoirs existent et qu'ils exigent un effort commun, des ententes se dégagent, certaines étant nommées et d'autres tacites, qui soudent un groupe et cimentent les relations autour d'un certain nombre de valeurs.

La transgression de ces valeurs est parfois inévitable et chacun l'admet. Il devient alors inutile de nier l'existence des faux pas par crainte de jugements qui seraient d'autant plus lourds à porter qu'ils ne seraient pas énoncés. Lorsque des dérives surviennent, on attend et on exige des mouvements de réparation. Ainsi, en chaque protagoniste s'inscrit une idée impossible à rejeter : ce groupe familial, quelle que soit son histoire (y compris celle des désunions et des reconstitutions, s'il y a eu séparation, remariage ou éclatement), cherche à transmettre l'idéal d'une vie collective qui donne un sens à l'existence. Les parents en sont les dépositaires, et tous les membres en deviennent ensuite responsables.

La responsabilité d'une telle charge n'est pas facile à endosser. Si la famille ne cherche pas à constituer une éthique semblable, il ne peut y avoir que souffrance, rivalité, envie, déchirement entre sous-groupes, culpabilité morbide, rapports de force, mécanismes de fuite, etc. Par contre, une chape moralisatrice peut s'abattre sur le groupe au nom de cette éthique, chacun se sentant indigne vis-à-vis de l'autre, tout en construisant, à partir d'un des protagonistes, une image modèle qui risque de bloquer les processus d'individuation. Le désir de préserver le mythe d'une mutualité parfaite incite parfois à abolir le droit aux différences dans la manière de penser, d'agir et de croire. Chacun devient alors « abuseur » de l'autre tout en se croyant porteur de la Vérité.

Tant que l'enfant est petit, ce style de famille fait illusion, car les pressions de l'adulte l'incitent à adopter une identité imitatrice et recopiée d'un sujet à l'autre. Il y a souvent un « dissident », mais paradoxalement ses comportements marginaux tendent à intensifier l'union passagère, car ce dissident fournit un alibi (« vous voyez bien que chacun peut s'exprimer différemment »), permet de canaliser l'agressivité (« il faut un mouton noir dans chaque famille ») ou justifie l'autoritarisme des parents ou de l'un d'entre eux (« où irions-nous si nous laissions tout le monde agir de cette manière inacceptable ? »). Au fur et à mesure que la fratrie s'élargit et que les influences extérieures lui fournissent de nouveaux « modèles » d'existence, le réseau familial se fissure et tend à garder dans son filet

« l'enfant obéissant », celui qui, n'osant pas lutter, accepte de rester enchaîné aux désirs possessifs de l'un ou l'autre des parents.

Tout en reconnaissant le danger qu'il y a de sombrer dans l'utopie, peut-on s'entendre sur une certaine vision éthique que les parents devraient transmettre dans leurs familles ? Grâce à cette vision, pourrait-on redonner un sens à la fonction d'autorité, non pas vue comme un ensemble de punitions, de directives ou de récompenses destinées à soumettre l'enfant, mais plutôt comme des règles, des propositions et des valeurs expérimentées en commun et destinées à établir des échanges harmonieux, d'abord au sein de la famille, puis au sein d'un groupe social élargi. À cette question, je me permets prudemment d'apporter les éléments de réponse suivants qui me paraissent intangibles mais essentiels, quels que soient le sujet, l'époque ou la situation.

Il est bon de :

- montrer à l'enfant à refuser la violence et à la condamner lorsqu'elle surgit ;
- lui insuffler l'idée qu'une vie en société est impossible sans empathie, sans respect de l'autre, sans partage, sans acceptation des différences ;
- lui faire connaître son passé, sans rejeter ni idolâtrer ceux et celles qui l'ont précédé ;
- l'inciter à découvrir et à aimer toutes les formes d'expression et de réalisation que l'être humain a découvertes et développées au fil du temps ;
- lui inculquer l'idée que la culpabilité est un sentiment nécessaire, puisqu'elle est un signal d'alarme, mais qu'elle ne vaut rien si elle ne s'associe pas aux idées de réparation et de responsabilité vis-à-vis de soi-même et de l'autre ;

- l'accompagner dans ses interrogations sur l'invisible, sans le coincer dans le carcan de dogmes établis une fois pour toutes ou dans des pratiques figées, mais en l'aidant à se reconnaître dans sa propre démarche spirituelle;
- l'accompagner dans sa découverte de la sexualité, tout en le soutenant dans une quête de respect envers lui-même et envers l'autre.
- lui apprendre à aimer le travail quand il est utile, mais lui donner le droit et la possibilité de le rejeter quand il est une imposture, dans la mesure des moyens dont il dispose;
- lui faire découvrir la joie des échanges et le plaisir tout aussi grand du silence et de la solitude;
- l'enraciner dans une société sans nier les autres sociétés;
- le situer dans sa génération sans nier les autres générations, et sans se confondre avec elles;
- lui apprendre à respecter la nature et à ménager les richesses d'une planète trop souvent pillée au profit des nantis dont, en fin de compte, il fait partie;
- lui communiquer un sentiment de valeur et d'estime de soi, quelles que soient ses faiblesses, sans que ce sentiment n'entraîne la tentation d'écraser ou de mépriser l'autre;
- lutter pour qu'il ait sa place, son nom, sa filiation, tout en lui permettant de se reconnaître à l'échelon de son groupe social;
- lui faire découvrir combien le dépassement de soi et l'effort personnel sont des valeurs essentielles pour ressentir la fierté.

Le partage des plaisirs

Tout n'est pas idyllique dans l'accompagnement d'un enfant. Durant les premiers mois, il faut consacrer beaucoup de temps au boire (au sein ou au biberon) et aux changements de couches, alors que souvent le sommeil est justement écourté. L'arrivée des premières dents provoque des crises difficiles à apaiser. Certains enfants deviennent propres très vite, d'autres résistent opiniâtrement. Bien des inquiétudes surgissent autour d'une fièvre inexpliquée ou d'une éruption cutanée. La vie se trouve ainsi bousculée. Les cris, les pleurs puis les courses dans la maison peuvent devenir des sources de conflits, même chez les couples les plus unis. Ce cortège de soucis se poursuit à l'entrée en maternelle et se modifie au fil des années. Au long du processus, il est impossible d'éviter les phases de détresse, de colère et de découragement.

Entre les heures parfois pénibles et les bourrasques d'inquiétude se glissent d'intenses moments de bonheur. C'est en partageant ces moments que, tout doucement, l'enfant finit par se sentir pénétré de l'intime conviction qu'il est un être désiré. Cela se fait naturellement, au fil des jours, grâce à des rires, des trouvailles, des drôleries et des jeux de poursuite ou de cache-cache. Cela s'inscrit dans des caresses, quand l'enfant se blottit contre le corps de l'adulte, qu'il fait des mimiques inattendues, qu'il se réconcilie après une bouderie. Un enfant qui se développe normalement ressemble à une boîte à surprises. Il semble stagner pendant quelques mois puis il refait surface, à la surprise générale. Il pose un geste auquel on ne s'attendait pas, il réalise un dessin ou raconte une histoire. Il plonge alors le parent dans l'énigme de la création : que s'est-il passé, dans le silence des jours précédents, pour que s'actualise ce schème vital dont on ne soupçonnait pas l'émergence ?

Dans ces mouvements perpétuels de naissance et de renaissance, il y a quelque chose qui tient de la magie. En posant son regard émerveillé sur l'enfant, l'adulte fait de ce dernier un sujet unique, même s'il attend déjà de l'enfant qu'il fasse encore «autre chose» qui amènera un nouvel ensorcellement. Les plaisirs que l'enfant éveille en nous sont de plusieurs ordres et nous les aborderons successivement, car ils n'entraînent pas les mêmes conséquences pour le parent et pour l'enfant.

Nous parlerons de plaisirs sensoriels et sensuels partagés, de plaisirs suscités par l'émergence des nouvelles formes de communication, de plaisirs résultant des modalités créatrices d'expression.

Les plaisirs sensoriels et sensuels

Il peut paraître choquant de parler de plaisirs sensoriels et sensuels au sujet de parents qui recherchent des contacts corporels avec leur enfant et qui sont fiers de découvrir l'image et la joliesse de leur progéniture. On admet facilement que la mère puisse éprouver du plaisir dans un corps à corps avec son petit, mais au-delà de cette idée surgissent des craintes à cause des perspectives d'inceste, de pédophilie, de sensations troubles. Ces inquiétudes s'exacerbent quand il est question de la relation du père avec son fils ou sa fille, et bien des hommes ne s'avouent guère que le «paternage» procure des satisfactions profondes dans ses composantes sensorielles et sensuelles. Ces hommes hésitent encore plus à en parler à d'autres. Pourtant, ces éléments de plaisir, qui s'inscrivent d'abord dans le corps, jouent un rôle qu'on peut qualifier de fondateur.

Le bébé découvre le monde par les bercements, par le contact de sa bouche contre le sein et la poitrine, par les odeurs qui émanent des aisselles et de la peau de ses parents où il aime se blottir, par les brusques passages de fraîcheur et de chaleur suscités par les bains, par les touchers directement exercés sur sa peau lors des changements de couches, et par le face-à-face avec le visage du parent qui se penche vers lui et l'invite à communiquer tout en prononçant des paroles qui l'enveloppent de sons d'abord inconnus puis peu à peu repérés. Il entend des phrases étonnantes : « Je vais te manger... Je vais te croquer les fesses... Tu es mon trésor à moi...» L'enfant est donc inscrit dans un bain sonore, visuel, tactile, olfactif, audible, gustatif et labyrinthique. De plus, ces mots qu'on lui adresse sont des mots de fusion, de possession, d'intégration, tandis que les mains qui soutiennent sa nuque et son dos l'approchent et l'éloignent de la personne aimante, le bercent et le tapotent, le secouent doucement puis le reposent tout en lui faisant une dernière caresse.

Ces démonstrations sensorielles, elles-mêmes sous-tendues par une sensualité nommée et vécue, laissent des traces qui s'inscrivent directement dans le corps du petit. C'est par ces démonstrations que l'enfant prend conscience des limites de sa peau, des sensations différentes éveillées par les multiples contacts sur sa tête, sa poitrine, son ventre, ses zones génitales, ses fesses, ses jambes et ses bras. C'est par ces démonstrations qu'il intègre peu à peu cette kaléidoscopie sensorielle et sensuelle, et qu'il se découvre dans une totalité. Il a senti chez le parent non pas le dégoût, non pas la crainte ou la répulsion, mais l'authentique plaisir d'un échange. C'est pour cette raison que tout son être corporel réclame d'autres apports fusionnels. En devenant comblé de la sorte, il arrive à trouver par lui-même, sans le concours d'autrui, la joie de se mouvoir, de gigoter et, plus tard, de se regarder, de s'explorer, d'exercer ses capacités motrices en émergence.

Bien sûr, tout cela doit se faire au rythme de l'enfant, dans le respect d'une intimité dont il a déjà besoin. S'il reçoit trop fort, trop vite, trop longtemps, trop irrégulièrement des stimulations destinées au plaisir du parent et non à lui-même, il tentera de se dérober. Il pleurnichera, se détournera ou s'abandonnera dans une sorte de fusion indifférenciée. Ou encore il deviendra excessivement érotisé. Il ne connaîtra pas ce jeu inter-sensoriel qui laisse intact un espace de liberté. Écoute, empathie, dosage, pare-excitation, détente n'auront plus leur place puisque l'intrusion massive des affects de l'autre empêchera l'enfant d'assimiler des apports sensoriels devenus trop intenses et, surtout, non congruents.

Au fur et à mesure que l'enfant grandit, cette phase du corps-à-corps fera place à une autre phase qu'on pourrait qualifier de joie partagée pour l'obtention de la maîtrise du corps. Il s'agit d'une période qui éveille davantage de sentiments ambivalents de la part du parent. L'enfant, en développant ses capacités de motricité volontaire et de réflexion, développe également un pouvoir de domination et d'opposition qui lui confère simultanément des aptitudes à la communication.

Son besoin de bouger, d'explorer, de transvaser et de toucher déclenche des rires et des moments de surprises joyeuses, mais suscite également des inquiétudes et, de là, bien des interdits. Les essais de mise sur le pot provoquent des agacements, mais quel triomphe lorsque le premier pipi ou le premier caca aboutit là où il faut. Le corps de l'enfant n'est plus alors ce lieu de rencontres sensorielles dénué de conflits. Il devient un ensemble de formes et de gestes, éveillant la fierté du parent qui voit grandir son petit. Il devient également l'enveloppe encombrante d'un jeune être humain qui affirme sa vitalité et son droit d'exister, aussi bien par ses errances dans la maison que par ses colères lorsqu'il ne parvient pas à ses buts, ou par des rejets buccaux ou excrémentiels perçus alternativement comme des dons, des maladresses ou des défis. Les soins de propreté deviennent plus souvent des occasions de ressentiment que des périodes de détente, même si les bains, les jeux de poursuite ou de cache-cache, les câlineries avant le coucher suscitent encore des éclats de rires réciproques.

Ainsi, les mois et les années s'écoulent et, à un certain moment, le parent sent qu'il est temps de réduire la proximité et de se détacher physiquement. L'enfant s'assoit encore sur les genoux de ses parents, exhibe sa force dans de petits combats homériques avec son père, prend plaisir à se montrer nu, puis éprouve le même plaisir à parader dans sa nouvelle robe ou dans son nouveau pantalon devant les adultes admiratifs. Or, il se rend compte également qu'une distance intergénérationnelle s'est instituée.

Il ne prend plus son bain avec ses parents, il ne reste que brièvement le matin dans leur lit, il frappe avant d'entrer dans leur chambre, il ferme la porte des toilettes quand il s'y rend. Lorsque les périodes de nudité se prolongent de manière excessive, papa ou maman lui rappelle qu'il peut être admiré autrement, par exemple en soignant sa coiffure, en mettant sa plus belle chemise ou en accomplissant un dessin. L'enfant sent alors que l'intimité corporelle n'est pas toujours à partager et que la pudeur, absurde lorsqu'elle est excessive, permet de créer un espace personnel dont il possède les rideaux et la clé. C'est ainsi que l'enfant arrive à sentir qu'il est le possesseur de ce corps éveillé à la sensorialité et à la sensualité.

Dans la mesure où il a la certitude qu'il peut également découvrir les secrets de sa génitalité sans se sentir menacé au sein de son creuset familial, il aura l'assurance qu'il peut, à son rythme, poser toutes les questions qu'il veut sur la sexualité. Cependant, ne nous cachons pas la réalité des émotions que déclenche cette mise en jeu des corps. Découvrant peu à peu qu'il est un petit garçon ou une petite fille, l'enfant s'affirme dans cette manière d'être que l'on qualifie de masculine ou de féminine. Petit garçon, il joue avec son pénis et découvre les plaisirs éveillés par cette zone qui a déjà été stimulée lors des soins de pouponnage parentaux, des changements de couche et de la toilette du corps. Petite fille, elle frotte et manipule son clitoris tout en percevant intuitivement l'existence d'un organe intérieur. L'enfant prend conscience de son sexe et voit, dans les parents qu'il côtoie chaque jour, l'image de ce qu'il sera ou ne pourra pas être.

Au-delà des sensations de fusion et de protection, lorsque les adultes le prennent dans leurs bras et le rapprochent de leur corps, l'enfant éprouve un lot d'émotions que nous osons appeler «sexuelles», sans pour autant y voir de connotation incestueuse.

Le corps tout entier vibre aux caresses. Il attend les rapprochements de la maman et du papa qu'il reconnaît comme des êtres différenciés, c'est-à-dire représentant un même sexe ou un sexe différent de soi. La tendresse éprouvée ne se limite pas simplement à de vagues impressions sensorielles sublimées par l'amour. Elle est aussi une expérience physique transmise à tout le corps, y compris à la peau, aux parties génitales, à l'ensemble des modalités d'intégration dont l'être humain dispose pour se sentir aimant et aimé. Tout naturellement, ces émois se tournent d'abord vers ceux qui accompagnent le cheminement originaire, c'est-à-dire les parents. Bien des désirs sexuels se dirigent vers eux, non dans le sens de rapports dont la nature serait complètement ignorée sur le plan conscient, mais dans le sens d'un bien-être inévitablement différent selon qu'il s'agisse d'une maman dont on est issu ou d'un papa d'abord étranger à soi.

En raison de mouvements pulsionnels liés à sa condition même de futur homme ou de future femme, l'enfant tend à être plus attiré vers l'adulte qui est différent de lui, et tend simultanément à faire de l'autre (celui qui est semblable) un point de référence qui fonde son identité. On voudrait avoir chaque parent pour soi et éliminer l'autre, le rival potentiel, tout en voulant également le garder. Le père et la mère vivent intensément cette phase tumultueuse dont chaque être humain garde des traces décisives dans sa vie sentimentale. Voilà que ce petit, issu d'eux-mêmes, n'est plus simplement un bébé qui cherche à se faire nourrir, bercer et caresser. Il est devenu un garçon ou une fille qui renvoie le géniteur à sa propre condition d'enfant, tout en éveillant chez lui le prodigieux pouvoir d'accompagner l'émergence de sentiments amoureux. « Ma maman chérie à moi... Mon papa chéri à moi » ne sont pas seulement des appels émouvants, mais également des élans d'immense confiance dont l'enfant a besoin pour se tourner vers autrui, et dont il lui faudra se libérer partiellement pour ne pas s'enfermer dans le réseau étroit de ses premières rencontres.

Le parent n'a donc pas à être gêné de se sentir bien quand son garçon ou sa fille se blottit contre lui. Il n'a pas à nier que ce ressenti amoureux met en vibration son propre corps. Il n'a pas à se sentir coupable de trouver que cet enfant grandissant devient un être désirable dont il guide fièrement l'épanouissement. Il n'a pas à avoir honte de se demander, avec une certaine appréhension, si l'homme ou la femme qui s'associera un jour à son enfant pour créer un nouveau creuset familial sera conforme à ses espoirs. Toutes ses évocations, enfouies au fond de soi, veulent transmettre le désir de vie.

Elles sont en même temps sous-tendues par un interdit déterminant : « Tu n'utiliseras pas ton enfant comme une possession. Tu ne feras pas peser sur lui le poids de ton affectivité pour en faire ton objet, qu'il soit sexuel, réparateur de tes blessures antérieures, fusionnel ou autre. Tu accepteras, non sans une certaine souffrance, qu'il devienne sujet d'une autre génération, bien qu'il soit sorti de ton corps. Tu admettras que sa sexualité et sa génitalité éveillées en partie par ta présence se tourneront vers des partenaires dont le choix ne te regarde pas ». C'est là le lot et l'enjeu de l'humanisation.

Les plaisirs suscités par l'émergence des multiples formes de communication

Rien n'est plus étonnant à vivre pour un parent que l'émergence des premiers signaux de communication. Dès quatre ou cinq semaines, le bébé sourit et, quelques jours plus tard, ses premiers bruits buccaux surgissent, avec leur valeur expressive. Très vite, la tête cherche à se décoller du plan du berceau afin de se rapprocher d'autrui, tandis que la venue de la personne maternante déclenche une salve de mouvements des bras et des jambes. Tout est langage, pouvons-nous affirmer. Par cette assertion, nous voulons dire qu'au-delà des mots et des phrases, il existe des regards, des arrêts et des reprises du geste, une jubilation motrice, des variations toniques, une quête de fusion, des phases d'abandon, puis de brefs reculs pour fixer la personne côtoyée, autant de médiateurs du désir de côtoiement.

Chez le petit être humain, il y a cette formidable bourrasque émotive qui signe le désir de la rencontre. Chez le parent aimant, il y a cette perpétuelle attente d'une réciprocité. Qui commence ? Qui active l'autre ? La question est presque incongrue tant cet appel vers un partenaire est simultané. Ce que l'on voit dans le déroulement du quotidien, c'est un écheveau de signaux qui s'instaure et se tisse à partir de bruits, de crispations, de cris et de gigotements chez l'un; de paroles, de gestes d'enveloppement et de mimiques chez l'autre.

Tantôt, tout cela se déroule sous le signe de la détente et de la bonne humeur. Tantôt, cela se transforme en un magma de pleurs, de précipitations, d'agacements ayant encore valeur d'échanges. Chaque nouvelle acquisition suscite un sentiment de victoire. L'enfant progresse. Il sourit de plus en plus nettement. Il se livre à des lallations qui semblent traduire l'existence de représentations intérieures. Il dit les premiers phonèmes qui ressemblent aux mots « maman » ou « papa ». Il pointe du doigt l'objet désiré puis, regardant la personne aimée, il construit une gestuelle dont le sens devient clair. Il juxtapose deux mots, ouvrant ainsi la voie à l'élaboration de phrases. Il écoute sa mère ou son père qui lui dit quelque chose ; puis, remuant les lèvres, il cherche à placer correctement sa langue et à transmettre l'élément prosodique qu'il vient d'entendre. Devant cette explosion de signaux, le parent répète, modifie légèrement la mélodie évoquée, anticipe un discours sans trop savoir s'il renvoie la réalité ou s'il invente un schème gestuel ou verbal qui n'existe pas encore. Peu importe qu'il y ait non-sens, contre-sens ou hallucination. Les modes de communication s'affinent et rendent les erreurs de moins en moins fréquentes. Dans ces liens qui se tissent, un autre plaisir jaillit, celui de voir éclore les capacités créatrices de l'enfant.

Les plaisirs résultant des modalités créatives d'expression

La création se fait de multiples façons : par la motricité volontaire, par le langage, par le jeu, par le dessin, par la mimique inventive.

En observant bien un jeune enfant, l'adulte découvre rapidement que nombre des gestes qu'il pose comportent une intention créatrice. Ces manœuvres constituent autant de tentatives pour agir sur son environnement en élargissant progressivement la gamme de ses aptitudes. Prendre un objet, l'amener à sa bouche, le regarder, le reposer puis le saisir à nouveau afin de le déposer dans un récipient qui sera vidé de son contenu pour être ensuite rempli, tout cela représente bien autre chose que des mouvements dictés par le hasard. Il s'agit de véritables expérimentations dont les répétitions, entrecoupées de pauses, permettent au petit de maîtriser un espace, de prendre conscience d'un volume, d'améliorer sa préhension, de découvrir fortuitement un résultat, puis de le vérifier. Lorsqu'un parent reconnaît de tels efforts, il sent qu'il faut à la fois y participer, surtout lorsque l'obstacle est un peu trop difficile à surmonter, et à la fois laisser l'activité se dérouler librement afin qu'elle devienne le champ créateur de son petit.

L'adulte constate bientôt avec étonnement que si les sons émis et leurs modulations ont parfois valeur d'appel et exigent donc une récompense, ils sont beaucoup plus souvent de véritables exercices de solfège où s'intègrent progressivement les mouvements buccaux, le rythme respiratoire et les essais sonores. Il perçoit que ces lallations, à première vue anodines, sont la part inventive de l'enfant qui cherche à complexifier ses structures phoniques et à déboucher ainsi sur de véritables structures mélodiques. En émettant ces sons, le petit s'étonne, rit, se reprend. Le parent décide s'il laisse ce processus se développer dans la solitude ou s'il reprend et transforme légèrement tous ces petits bruits pour en restreindre l'éventail premier et aider l'enfant à les inscrire dans les sonorités d'une langue donnée, avec sa prononciation, ses pauses et ses intonations.

Au fil des mois, le parent voit surgir chez son enfant des structures gestuelles et verbales qui s'associent et qui semblent vouloir transmettre des évocations intérieures. L'enfant ne se contente plus de glisser sur le parquet, de sauter dans son lit ou de pirouetter sur le matelas. Il s'empare d'une marionnette ou d'une poupée et l'anime avec une gestuelle qui est à la fois la sienne et celle d'un autre. Il lui donne un rôle et ne tarde pas à élaborer un petit scénario où son personnage dépasse les représentations formelles, rencontre un autre protagoniste et entame avec lui un dialogue.

Le parent pressent que l'espace imaginaire ainsi créé peut devenir immense et permettre à l'enfant de se bâtir un monde ludique où l'impossible devient possible. À certains moments, l'adulte a sa place dans ce jeu en tant qu'acteur direct : l'enfant s'attend à ce qu'il prenne lui aussi une figurine, qu'il suscite une action, élargisse l'esquisse du jeu amorcé, soutienne le déroulement de l'histoire. À d'autres moments, son petit garçon ou sa petite fille désire simplement sa présence mais non son intervention directe, afin d'inventer sa propre aventure. À d'autres moments encore, l'enfant imagine des jeux qu'il façonne d'abord devant le regard amusé du parent, mais qu'il cherche ensuite à inscrire dans un espace plus intime. L'enfant s'isole alors dans un coin de la pièce et, marmonnant des paroles volontairement inintelligibles, élimine l'adulte en partageant ses joies et ses émotions avec quelques-uns de ses jouets préférés.

Le plaisir du dessin ne tarde pas à s'ajouter à ces essais créatifs. Cela commence par des gribouillis déposés sur une feuille de papier. Viennent ensuite des ronds à demi-fermés, puis des verticales et des horizontales. Le parent ajoute deux petits points à l'intérieur du cercle, une courbe pour esquisser une bouche. L'enfant ne comprend pas d'abord ce que représente l'image. Il la barbouille tout en poussant des cris de joie, puis un jour, suivi de bien d'autres jours, il découvre que ce rond peut contenir des yeux et une bouche. Il peut aussi avoir des oreilles et des cheveux. Il peut même y placer deux barres qui, émergeant d'abord du visage, s'intégreront ensuite à une grande verticale représentant le corps. Un bonhomme se construit et, par ce jeu apparemment anodin, le petit garçon ou la petite fille fait surgir devant lui la forme de son propre corps.

Prenant ainsi une prodigieuse distance par rapport à son ressenti corporel immédiat, l'enfant utilise la feuille de papier comme un miroir susceptible de le contenir lui-même ainsi que les êtres qui lui sont chers, son papa, sa maman et tel membre de sa fratrie, puis les éléments qui l'environnent, le soleil, sa maison, un oiseau. Le dessin n'est plus seulement l'esquisse d'un personnage isolé ; il devient porteur de l'imaginaire. C'est une histoire que l'on garde pour soi. C'est une « œuvre » que l'on donne à ceux qu'on aime. C'est une marque affichée sur le mur de mamie ou de papi. C'est tantôt un véhicule des rêves, tantôt un cadeau, tantôt une trace fugace abandonnée sur un fauteuil, tantôt le signe d'une alliance, tantôt le contenant d'une détresse. Quand le parent comprend l'importance de ces multiples significations, il soutient, valorise et propose des enrichissements. Comme pour le langage et le jeu, l'adulte favorise l'édification d'un espace que parfois l'enfant garde pour lui comme son jardin secret, et que parfois il partage afin d'inscrire autrui dans son univers créatif.

À partir de quatre ou cinq ans, une autre forme d'élaboration inventive prend place. L'enfant « fait son intéressant ». Il se donne en spectacle en combinant un ensemble de modalités gestuelles, émotives et langagières. Il danse, pirouette, met en scène tel numéro de cirque auquel il a assisté, il chante et démontre sa force ou son habileté, devient le magicien qui fait disparaître les objets. Il a besoin d'un auditoire attentif afin de vérifier si l'éventail de ses évocations peut aussi avoir une valeur aux yeux des autres. Comme dans le conte de Blanche-Neige, il interpelle les adultes : « Miroir, dis-moi si je suis le plus beau ou la plus belle ». Il dit encore : « Réponds à la question qui restera présente tout au long de ma vie : Suis-je un être que l'on peut désirer et aimer ? » Si le parent se désintéresse de ce mode d'expression, il sape l'estime de son garçon ou de sa fille. S'il n'ose pas imposer des limites à ce jeu narcissique, il risque d'être envahi par un exhibitionnisme tyrannique. Il devra donc accueillir ces épisodes inventifs, tout en faisant découvrir à son enfant que le théâtre de la vie n'est pas un spectacle à sens unique, mais bien une écoute mutuelle des mouvements de création. Or, cela ne peut se faire que par une alternance de périodes d'affirmation et d'effacement.

La quête d'un sens

Dans les pages précédentes, j'ai insisté sur l'idée du plaisir que l'enfant éprouve dans sa démarche créative et du plaisir que le parent ressent en l'accompagnant. Cette force, exercée de part et d'autre, traduit en réalité un désir immense. Chez l'un, c'est le désir de bâtir un projet de vie ; chez l'autre, celui de proposer des orientations qui correspondent à ses attentes. Qu'on le veuille ou non, quelque chose d'essentiel pousse le parent à vouloir faire de son enfant son « objet » privilégié de réalisation. Il voudrait lui apporter le meilleur de lui-même, lui éviter les embûches qu'il connaît, lui transmettre ce qu'il a pu hériter de ses ancêtres et retenir de ses expériences. Tout en le déclarant généralement libre de son destin, il voudrait bien que ce destin aille dans le sens de ses aspirations. Il cherche donc à le modeler afin qu'il devienne non seulement son prolongement, mais aussi son « œuvre ».

Le meilleur et le pire se glissent dans cet élan parental. Le meilleur puisque ce désir comporte un effort de dépassement et une volonté de donner, de soutenir et d'épanouir les potentialités de l'être aimé ; le pire puisque ce désir risque d'emprisonner l'enfant dans les filets de l'égocentrisme et de la possessivité de l'adulte. Comment sortir de cette apparente contradiction ? L'enfant se construit quand l'adulte lui apporte beaucoup de lui-même, c'est-à-dire non seulement des gratifications et des plaisirs, mais également des contraintes, ainsi que des rappels de valeurs et d'interdits qui ne sont pas d'abord les siens. Toutefois, il doit également pouvoir faire des choix, découvrir ses droits et orienter son existence dans des directions qui ne sont pas forcément celles que ses parents souhaitent.

Quand nous arrivons à observer un enfant sans trop lui imposer nos décisions d'adultes et sans faire comme si nous savions à l'avance tout ce qui est bon pour lui, il devient impressionnant de constater à quel point celui-ci manie et remanie les matériaux fournis par son environnement et s'en sert pour établir ses propres fondations. Certes, il tient compte des indications fournies, s'appuie sur des modèles et se conforme aux demandes, mais les résultats sont toujours légèrement différents de ce que les adultes escomptaient. L'enfant reçoit avec joie le jouet qui lui est offert, mais le manipule et l'explore à sa manière. Il demande des explications avant de s'engager dans tel bricolage, mais modifie les schèmes que l'adulte lui a montrés. Il termine son repas après maintes protestations, mais laisse tout de même quelques aliments traîner sur le bord de son assiette. Ainsi, il est toujours à mi-chemin entre la conformité aux demandes et la transgression de celles-ci, comme s'il cherchait inconsciemment à trouver un espace intermédiaire qui lui permettrait de s'intégrer au cadre parental tout en s'inscrivant dans une zone sans entraves.

Cette attitude très particulière, que les partenaires acceptent tacitement, lui permet probablement d'éprouver la sécurité et le plaisir d'être inscrit dans une structure donnée tout en découvrant une lisière personnelle d'où il peut, au fil des jours, élaborer son propre projet de vie. Il se crée ainsi un équilibre satisfaisant par rapport aux demandes et aux exigences réciproques. Les protagonistes acceptent cet état de fait, tout en sentant qu'à certains moments la situation penche trop dans la direction du conformisme ou dans celle des oppositions. À ce moment-là, il faut donner un coup de barre salvateur. Derrière cette façade, qui peut sembler hypocrite au premier abord, se joue une quête qui détermine l'évolution de chacun.

Le creuset familial est nécessaire, mais il pèse par ses exigences, ses tensions et ses compromissions. En raison des besoins différents de chacun, il faut absolument trouver un juste milieu entre les règles de vie collectives qui soudent les interrelations et les aspirations individuelles sans lesquelles aucune édification personnelle ne serait possible. Pour trouver un sens à ce que nous faisons et à ce que nous sommes, nous devons nous référer solidement à autrui, mais nous devons également avoir droit aux essais, aux erreurs, aux cafouillages et à des prises de positions qui sont étrangères à celles de l'ensemble. Dès les premiers mois de sa vie, l'enfant se constitue ainsi une zone d'intimité qui échappe à toute influence. C'est par elle et en elle qu'il trouve et donne une signification à ses gestes, à ses pensées et à ses émotions, sans qu'il doive pour autant renier les orientations qui lui sont offertes. C'est ainsi que germe sa singularité.

Quel que soit le désir du parent d'orienter son enfant vers ce qui lui paraît le meilleur, il doit renoncer à le « construire ». Il lui fournit pourtant une série d'éléments indispensables :

la conviction d'avoir été aimé et désiré, l'enracinement dans une structure familiale dont il est l'un des chaînons, l'accompagnement de ses aptitudes physiques, intellectuelles et émotives en proposant une orientation à celles-ci, le témoignage de valeurs qui lui feront découvrir ce que les relations humaines comportent de joie et d'exigences, le plaisir du partage et les responsabilités qui en découlent et, souvent, une certaine vision de la spiritualité. Au-delà de ces apports, le parent peut-il aller plus loin pour aider son enfant dans sa quête du sens de la vie? J'en doute fort. Je craindrais même qu'il veuille le faire.

Donner un sens à sa vie est, par définition, un projet propre à chacun. Les autres s'y intègrent en tant que pierres fondatrices, mais n'en deviennent jamais les bâtisseurs. C'est dans le mystère d'une rencontre avec soi-même que chacun doit répondre aux quatre grandes questions de son existence: Qui suis-je? Que fais-je? Avec qui? Au nom de quoi?

En réfléchissant aux différents membres du groupe familial, peut-on définir à présent un peu plus clairement les différentes fonctions et responsabilités de chacun?

Deuxième partie

LE RÔLE DES MEMBRES DU GROUPE FAMILIAL DANS L'ACCOMPAGNEMENT DE L'ENFANT

Dans son processus de construction, comment l'enfant capte-t-il les notions fournies par son milieu familial ?

Telle est la question à poser avant même de nous demander quel est le rôle des différents membres du groupe familial dans l'accompagnement du développement de l'enfant.

Durant la vie utérine et au cours des premiers mois, c'est l'imprégnation sensorielle qui semble jouer le plus grand rôle dans le repérage et la prise en compte des apports extérieurs. Par les multiples stimulations sensorielles dont nous avons déjà parlé et qui constituent une véritable enveloppe dynamisante, le fœtus – et ensuite le nourrisson – intègre des stimuli multiformes qui inscrivent des empreintes dans le corps et le psychisme naissant. Grâce à ces traces et à une programmation génétique qui oriente le nouveau-né vers ses congénères humains, des liens commencent à s'établir avec les membres du réseau familial, en particulier la maman. On parle alors d'un attachement non spécifique; par ce terme, on signifie que le petit enfant, bien qu'ayant déjà des points de repère fournis par son milieu, accepte facilement d'être pris par les adultes qui gravitent autour de lui, sans trop manifester encore de préférences déterminées et sans présenter de réactions d'inconfort lorsqu'un étranger le prend momentanément en charge.

Peu à peu, et à un rythme différent selon chaque enfant, l'attachement se polarise sur quelques personnes, celles qui répondent avec le plus de justesse et d'empathie à ses besoins. Dès lors, un départ un peu prolongé de la mère, du père ou de tout autre substitut devenu significatif n'est pas sans déclencher des réactions de détresse de la part du petit. Cela ne veut pas dire qu'il ne peut établir d'autres relations, mais les membres de son groupe familial sont devenus si déterminants que leur disparition peut créer des séquelles psychiques graves. Une telle constatation entraîne évidemment des conséquences importantes pour les adoptions tardives et les placements en familles d'accueil à répétition. En effet, des dépressions difficilement récupérables peuvent survenir quand se rompent des liens qui ont été solidement établis avec tel ou tel membre de la famille originaire ou d'accueil, et quand personne n'est là pour accompagner des transitions devenues nécessaires.

À partir du moment où cet attachement spécifique s'est constitué (et sans doute avant), des mécanismes complexes et multiples entrent en jeu pour permettre à l'enfant de capter, d'intégrer, de moduler et de transformer les signaux émotifs et intellectuels qui bâtiront son identité.

L'imitation constitue l'un de ces mécanismes. Les comportements des parents sont des modèles gestuels, affectifs, cognitifs et sociaux que le petit garçon ou la petite fille prend à son compte en modelant ainsi sa manière d'être et d'agir. Ses imitations, d'abord immédiates (par exemple, l'enfant refait sur le champ une mimique qu'il vient de voir), seront par la suite différées, c'est-à-dire reprises dans d'autres contextes et décalées dans le temps.

Plus tard, lorsque l'enfant disposera d'aptitudes représentatives, par exemple quand il pourra jouer à « faire semblant », ses imitations formeront la toile de fond de nombreux scénarios mis en action avec des poupées, puis avec des petits amis : on jouera à la maman, au papa ou au docteur, en fonction des schèmes intégrés et colorés par les émotions que l'enfant aura ressenties lors des événements mis en scène.

Les parents ont évidemment un « projet » éducatif pour leurs enfants. Ils ponctuent d'injonctions la vie quotidienne, pendant les repas, au moment de la toilette, à l'heure du coucher ou lors de rencontres. Chaque fois, l'adulte invite l'enfant à se comporter d'une certaine manière dans une situation donnée. Lorsque l'enfant obtempère, il reçoit des messages qui le gratifient. Dans le cas contraire, on lui signifie une désapprobation, que ce soit par la gestuelle, la mimique ou la parole. Ces « renforcements » positifs ou négatifs jouent un rôle très important puisqu'ils transmettent des façons d'être, accompagnées de gratifications, de sanctions ou de marques d'indifférence, tout cela suscitant des sentiments contradictoires.

L'enfant est continuellement plongé dans un bain d'affects dont il décode parfois le sens et dont une partie lui reste « énigmatique » puisque personne ne lui explique ces affects. Très vite il « sait » s'il est un « bon » sujet dans telle ou telle activité, scolaire par exemple, ou s'il est cause d'inquiétude ou de colère parentale. Ces changements dans l'atmosphère familiale, en fonction de ses composantes, lui fournissent des points de repère qui génèrent la sérénité, l'insécurité ou la culpabilité. Bien des affects distillés sur lui restent cependant incompris, soit que les adultes n'en sont pas conscients, soit qu'ils les cachent, soit qu'ils jugent impossible de les énoncer dans leur entier. Plus un climat familial est tendu, plus il est difficile pour l'enfant de savoir ce qui dépend de lui et ce qui résulte de conflits conjugaux non élucidés, d'inquiétudes financières ou professionnelles tues, ou encore de variations d'humeur qui dépendent des soucis parentaux. Il est bien lourd de ne jamais savoir si papa se réveillera de bonne humeur ou s'il restera tendu pendant toute la journée, sans que l'enfant ne puisse rattacher cela à un événement précis. Il est angoissant de percevoir qu'un « secret » s'est développé au sein d'une partie de la fratrie sans qu'on puisse en partager au moins une partie. Même dans la famille la plus unie, il existe toujours de tels îlots de conflits qui participent eux aussi à la construction des personnalités en émergence.

Puisqu'ils vivent régulièrement avec l'enfant et qu'ils sont l'objet des premiers mouvements d'amour et d'hostilité, la mère et le père – ainsi que les personnes qui partagent quotidiennement leur existence – constitueront évidemment des pôles de référence auxquels le petit garçon ou la petite fille pourra s'identifier. En dehors des facteurs déjà décrits, que veut-on dire par le terme « identification » ? Au fur et à mesure que l'enfant perçoit ses parents comme des personnes avec qui il peut communiquer, il les appelle, il attend d'eux tout un ensemble d'affects qui tantôt le comblent, tantôt le déçoivent. Le parent devient ainsi un personnage qui tisse à la fois un lieu de vie et un lieu de rêveries, sur lesquels sont projetés de multiples émois. Dans ce jeu relationnel, des sentiments intenses émergent, allant de la béatitude à la haine, en passant par des phases de tristesse puis de contentement.

Nous avons déjà souligné que même la meilleure maman et le meilleur papa ne peuvent donner tout ce que le petit humain voudrait recevoir. Ce manque, bien que douloureux, est inévitable. En revanche il entraîne la formation d'images qui comblent ces manques et qui permettent la réalisation de désirs non concrétisés. Ce que l'enfant prélève chez ses parents n'appartient donc pas seulement à leur réalité quotidienne. Le petit construit une fantasmagorie réparatrice et assimile des éléments psychiques où se mêlent sensations et représentations. Pour dire les choses plus simplement, l'enfant se développe auprès d'une vraie maman et d'un vrai papa, mais il retire également d'eux des images fantomatiques qui vont au-delà et en deçà de leurs manières d'être et d'agir. Ces « parcelles » parentales, construites par le psychisme infantile, se déposent en strates dans le cerveau et se modifient peu à peu grâce à de nouvelles formations d'images et à des mécanismes de défense qui jugulent les émotions trop fortes. Il y a donc une zone d'élaboration des sentiments qui échappe à toute volonté consciente de l'enfant et des parents. Cette zone, continuellement activée et réveillée par les échanges relationnels, forme ce qu'on appelle l'inconscient. Elle est source de dynamisme, mais également de désarroi. Elle constitue un formidable réservoir d'émotions sur lequel s'appuie l'être humain pour étayer l'ensemble de sa vie affective et s'initier à un mode de communication qui, à partir du petit réseau familial d'origine, s'ouvre sur un monde de plus en plus large.

Ce premier noyau relationnel est formé de personnes ayant pour nom « mère », « père », « frère », « sœur », « grands-parents », « oncles », « tantes ». Il s'agit d'une expérience collective où chacun joue son rôle, créant un ensemble de modèles d'identification qui agissent les uns sur les autres et qui établissent ainsi un « creuset » fondateur. Ce creuset sous-tend, lui aussi, des significations précises : on est membre de la famille « une telle ». L'enfant est né d'un homme et d'une femme qui ont éprouvé non seulement des satisfactions sexuelles, mais aussi le désir de s'unir pour créer. L'enfant est donc généré par un appel de vie. Il est fils ou fille d'une mère et d'un père qui lui ont permis d'être au monde, non seulement en utilisant leur corps mais aussi en vivant l'attente d'un au-delà d'eux-mêmes.

Selon les circonstances, ce sentiment d'être né d'un désir réciproque entre deux parents est plus ou moins intégré, mais il joue néanmoins un grand rôle dans la construction de l'estime de soi. Il s'associe à un autre sentiment, celui de la filiation, qui permet un véritable ancrage de son identité. L'enfant ne se sent pas le produit d'un hasard, déposé quelque part. Il est la résultante de la rencontre de deux sexes, tout en étant le représentant de l'un d'entre eux. Il est la conséquence d'un mouvement mutuel d'espérance. Il a été conçu par des personnes qui l'ont inscrit dans un réseau familial où vivent ensemble plusieurs générations différenciées. Il porte une histoire qu'il pourra transmettre à d'autres.

En lisant ces lignes, des parents adoptifs s'inquiéteront peut-être, puisqu'ils n'ont pas mis au monde physiquement celui ou celle qui devient leur enfant. En fait, s'il n'y a pas accouplement, gestation et accouchement dans la réalité, ces événements se jouent tout de même sur le plan imaginaire. Par le désir, par la décision d'accompagner une nouvelle vie, par la joie d'introduire un petit être humain dans un creuset familial qui possède son histoire, il y a un véritable enfantement. Les parents d'origine ont joué leur rôle dans le processus de création, mais ce processus a été partagé. L'enfant abandonné, puis accueilli, est inscrit dans son propre lieu de filiation tout en étant introduit pour toujours auprès de personnes qui décident de l'accueillir, se font parents l'un par rapport à l'autre et ensemble par rapport à lui.

Ces quelques lignes démontrent l'idée que nous cherchons à transmettre : l'enfantement ne consiste pas, pour une personne, à prendre en charge un enfant au nom de son droit ou de sa joie d'en posséder un. Il s'agit d'un mouvement créateur qui engage tout un réseau de personnes désireuses de jouer pleinement leurs rôles, même si ce réseau est parfois amputé de tel ou tel membre.

Comprendra-t-on mieux les fonctions de chacun en regardant successivement la place qu'occupent la mère, le père, le couple, la fratrie, les grands-parents et la famille dite élargie ?

La mère

Une mère, bien avant d'avoir porté son enfant, a imaginé au cours de son adolescence et de sa vie de jeune fille ce que serait cette gestation. Une fois enceinte, elle vit intensément les transformations corporelles liées à sa grossesse, elle sent son bébé bouger et vit une expérience émotive qu'aucun membre de sa famille ne peut connaître. L'accouchement est un événement déterminant puisqu'elle sent ce corps qu'elle a nourri se glisser hors d'elle, puis devenir un être séparé qu'elle se met à allaiter et à blottir contre sa poitrine, dans un mode relationnel tantôt fusionnel et tantôt distancié. On comprend facilement qu'une telle aventure la rende particulièrement proche de son bébé et détermine par la suite une forme de lien singulier entre elle et son enfant.

Le corps est si intensément engagé dans ce lien que les seins de la maman se contractent et laissent sourdre du lait quand le nouveau-né pleure ou crie. Ce même corps ressent parfois un plaisir proche de l'orgasme lorsque le nourrisson suce le mamelon. Un dialogue émotionnel débuté durant la grossesse se poursuit pendant de longs mois, la vie intime de la femme se mêlant de manière inextricable à l'émergence de la vie psychique de son enfant. En général il résulte de tout cela d'exceptionnelles capacités d'empathie chez la maman, ce qui favorise un attachement privilégié. Si la mère souhaite que son bébé grandisse et découvre de nouveaux modes de communication, elle garde en elle, enfoui quelque part, le désir de maintenir cet échange indicible que personne d'autre ne peut vraiment partager.

La maman tire de ces satisfactions initiales (qui ne vont d'ailleurs pas sans fatigue et sans souffrance) une grande source de dynamisme, une valorisation de sa fonction maternante, une prise de conscience aiguë des besoins de son petit. Ses capacités d'empathie sont souvent remarquables, particulièrement durant les mois qui suivent la naissance. Les joies éprouvées réciproquement dans le corps à corps permettent à la maman d'affiner la qualité des soins de base dont on a vu l'importance pour que l'enfant découvre sa sensorialité et sa sensualité. Le petit garçon ou la petite fille se sent ainsi profondément soutenu, maintenu et contenu. Une sorte d'ancrage se produit alors, à partir duquel se développe un sentiment de sécurité et une confiance presque illimitée en son environnement. De telles expériences émotives et fondatrices feront surgir le désir de communiquer, la joie de découvrir et d'explorer, le plaisir de s'affirmer.

Bien sûr, ce climat de quiétude et de symbiose peut devenir excessif si la maman s'y complaît en refusant de voir son bébé grandir. Elle peut consciemment – et plus souvent à son insu – tisser un filet de tendresse nourri par un désir de possession qui empêchera son enfant de se tourner vers l'extérieur. La maman doit donc trouver en elle et chez ses proches des gratifications, une pression et une sécurité suffisantes pour laisser son petit s'éloigner et trouver ainsi d'autres pôles référentiels. Deux mouvements se produiront continuellement : 1) celui qui retient l'enfant afin qu'il puise dans ce geste d'intégration les éléments nécessaires à son bien-être ; 2) celui qui le renvoie vers d'autres partenaires afin d'entamer un processus de séparation et d'individuation. Dans la plupart des cas, la mère est synonyme de celle qui rassure, protège, comprend, tout en étant, pour le petit être qui bénéficie de ses soins, celle qui s'inquiète trop, qui limite les initiatives, qui éveille des phases d'impatience où se glissent simultanément un fort sentiment de dette et de reconnaissance ainsi que la nostalgie d'une histoire originaire qu'il aura fallu délaisser.

Le père

Il est relativement facile de décrire les fonctions maternelles, mais ce n'est pas le cas quand vient le temps de brosser un tableau des rôles paternels, car ceux-ci tendent à se modifier au fil des siècles et sont assumés de manière assez différente selon les cultures et les sous-groupes sociaux. À telle époque ou dans tel groupe ethnique, l'homme assume seul les fonctions génitrices, identificatoires, éducatives et systémiques (dans le sens d'un système qui s'organise autour du père), ainsi que les fonctions de filiation, de complémentarité, d'imposition d'une loi et, enfin, d'époux. L'homme tend, soit à reléguer la femme dans une position subalterne, soit à partager ses multiples responsabilités. À une autre époque ou dans un autre contexte socioculturel, ces tâches se répartissent entre différents mâles, les rôles de la femme ou des femmes du clan étant alors eux-mêmes diversifiés.

Dans notre contexte occidental et contemporain, les fonctions du père ont subi d'extraordinaires changements dans un court laps de temps. La fonction de géniteur échappe en grande partie au contrôle de l'homme à cause de l'évolution des méthodes contraceptives et des techniques de fécondation. Le pouvoir de vie et de mort du *Pater familias* romain a été depuis longtemps supprimé par les tribunaux, tandis que la mère, par son droit à l'avortement, peut désormais décider seule du sort de son fœtus. Les modèles d'identification se sont assouplis et, surtout, se partagent au sein du couple. Les modèles proposés sont beaucoup moins stéréotypés et la relativité des valeurs transmises devient une notion acceptée. Les fonctions éducatives se répartissent dans le groupe familial.

L'autorité, la transmission des connaissances, le témoignage d'une certaine manière d'être et de faire ne sont plus l'apanage d'une personne référentielle unique. Ces valeurs sont devenues la responsabilité non seulement de la famille, mais du groupe social tout entier dans lequel l'école, les mouvements de loisirs, les amis et les mass media occupent une place de plus en plus grande.

L'accès de la femme au travail et sa libération en tant qu'être aux droits égaux amènent une nouvelle répartition des tâches ménagères. La fonction de pourvoyeur n'est plus assumée seulement par le père. Le nom donné à l'enfant est parfois celui du père, parfois celui de la mère, parfois celui des deux; les foyers sont souvent reconstitués après un divorce; de nouvelles formes de couples sont constitués, y compris les couples homosexuels ; la fécondation in vitro est devenue possible ; et tout cela fait en sorte que la filiation n'est plus aussi linéaire et que sa conception s'en trouve bousculée. La fonction de transmetteur de la Loi, qui est si évidente pour le père dans nombre de sociétés, est radicalement transformée par les revendications de la femme, de l'homme et de l'enfant, ainsi que par une plus grande mainmise d'acteurs sociaux qui peuvent intervenir quand la santé physique ou mentale de l'enfant est compromise.

Dans cet immense branle-bas, comment situer le père ? D'abord, mettons au point un fait : à la différence de la mère qui porte son enfant et vit l'enfantement dans sa propre chair, le père engendre son enfant sans mettre son être physique en cause. Au-delà de l'acte géniteur, le père doit effectuer un puissant mouvement intérieur s'il veut créer et porter dans son imaginaire ce sujet en devenir, s'il désire fonder un système de relations dans lequel joue la complémentarité avec la femme qu'il a choisie et dans lequel s'établissent les bases d'un creuset familial autorisant l'épanouissement d'une vie nouvelle. C'est tout cela qui est compris dans l'acte qui consiste pour le père à donner son nom. L'ensemble des fonctions « paternantes » ne peut donc se réaliser que s'il surgit dans ce futur père des désirs tournés vers une partenaire, un désir de grossesse, un désir d'enfant, un désir de couple, puis un désir d'assumer à plusieurs des tâches qui permettront au nouveau-né de se séparer et de s'individuer. Cela suppose aussi que la femme mettant au monde un enfant accepte profondément qu'une tierce personne s'introduise dans cette symbiose originaire, afin de bâtir en commun un creuset d'accueil nommé famille.

La seule présence du bébé en elle fait d'une femme une mère. Or, le processus est plus complexe chez l'homme, car non seulement lui faut-il la volonté d'être père, mais également un désir de prendre une place aussi importante que son épouse.

Reprenons plus en détails ces différentes idées.

Être père, c'est d'abord éprouver le désir d'une femme

Une telle affirmation est parfois remise en cause puisqu'elle semble dire aux homosexuels qu'ils ne peuvent être pères. Sans doute peuvent-ils ressentir profondément une aspiration à s'occuper d'un enfant et peuvent-ils avoir d'indéniables qualités éducatives. Dans l'ensemble des fonctions paternantes, ils oublient cependant l'acte premier, qui est la rencontre avec l'autre, l'être complémentaire. Ils modifient ainsi le mouvement créateur, la constitution d'un couple, et transforment le sens de la filiation. Ils remettent en cause les trois pôles fondamentaux de la famille : l'origine, le « pourquoi » et la fin. Ce sont ces pôles qui permettent à l'enfant d'unifier ses composantes masculines et féminines, et de se situer comme un être dont les manques sont compensés par les manques de l'autre. Cet oubli, cette exclusion (qu'on appelle également la « scotomisation »), nous en reparlerons dans la troisième partie du livre. On retrouve d'ailleurs ce phénomène dans d'autres situations : un homme ou une femme veut élever seul un enfant par refus du partage ; un couple séparé se déchire pour la possession d'un fils ou d'une fille dont la présence est désirée surtout à cause du manque qu'elle suscite chez l'autre ; etc.

Le fait de désirer une femme est une réalité complexe à cause des résonances multiples que le phénomène engendre. Tous et toutes, nous nous sommes retrouvés à l'intérieur d'une femme avant notre naissance. Ce ventre féminin dont nous sommes sortis éveille en chacun de nous des émotions contradictoires. Ce ventre est le lieu réel et symbolique de la protection et de la stabilité parfaites. Il est zone de mystère, de l'« avant » totalement inconnu qui prépare l'« après » fascinant et menaçant. Il est le lieu de la vie, mais aussi celui de la mort possible ; le lieu des premières sensations ; la scène première de tous nos fantasmes. La femme est l'objet d'origine ; le support de l'angoisse liée à la vie et à la mort ; la détentrice des pouvoirs de naissance et de destruction ; la porteuse des quiétudes et des persécutions.

Quelle que soit la qualité d'amour d'une mère, il y a toujours un hiatus d'ailleurs nécessaire entre ce que l'enfant a reçu et ce qu'il aurait voulu recevoir. Une certaine zone de nous-mêmes crie toujours un peu « j'ai mal à ma mère », ce qui entraîne envers la femme la construction d'un mythe aux résonances contradictoires. Objet frustrant évocateur de détresses inapaisées, objet idéalisé tout-puissant qui nous invite à répéter l'expérience inlassable des premiers choix amoureux, objet réparateur dans lequel nous pouvons nous confondre et nous anéantir, la femme porte toute notre ambivalence en elle.

Durant une grande partie de l'enfance, la mère a reçu les attentes, les espoirs, les rages, les peurs et les joies de l'enfant. Elle a su plus ou moins bien contenir l'ensemble de ces émotions indicibles pour les renvoyer à l'enfant dans des termes désignés. Par sa relation tantôt amoureuse et tantôt conflictuelle avec son mari, c'est-à-dire un père, elle a été l'objet des premiers émois sexuels et des interdits qui y étaient rattachés. Elle a permis au petit garçon de prendre connaissance de sa virilité. En revanche, par sa toute-puissance d'adulte et sa relation avec l'autre homme, elle a aussi éveillé un doute vis-à-vis du pouvoir réel de sa masculinité. Un doute « freinateur » et salvateur. C'est à partir de la rencontre avec une telle femme qu'a surgi chez le père le désir de grossesse.

Être père, c'est éprouver un désir de grossesse

Le désir de grossesse est sous-tendu par plusieurs niveaux d'aspiration. Le premier niveau, c'est le fantasme de posséder un être si intimement confondu avec soi qu'il peut définitivement combler la béance d'une vie toujours perçue comme incomplète.

Le deuxième niveau dépasse cet espoir archaïque et recouvre le désir profond de créer une vie nouvelle qui soit à la fois une réponse apaisante à l'angoisse de sa propre mort et un mouvement libérateur projetant hors de soi un être qui suivra sa trajectoire pour s'intégrer à son tour dans un environnement humain. Il s'agit alors d'une force permettant d'une part de construire un enfant imaginaire et porteur de nos attentes, et d'autre part de l'accepter déjà comme un enfant réel, à la fois distinct et retenant pourtant une partie de soi.

Le troisième niveau est celui de la préparation de l'accueil par l'accompagnement de la grossesse de la mère et du réaménagement affectif nécessaire pour passer de la relation privilégiée mari-épouse à la relation triangulaire mère-père-enfant. Du fait que l'homme ne porte pas l'enfant et que sa grossesse ne pourra s'effectuer que sur un plan fantasmatique, il occupe dès l'annonce de la nidation une place très particulière dans le triangle évoqué. Nous en avons déjà parlé en soulignant la mise en jeu de trois processus: le père établit une relation singulière en cherchant à «materner» le corps de sa femme; il tend à éprouver des impressions somatiques et il rêve tout en se laissant aller à des rêveries...; enfin, il évoque son rôle à venir et s'engage dans des travaux d'aménagement destinés au futur bébé. C'est à partir de ce branle-bas émotionnel que se tisse et se module son désir d'enfant.

Être père, c'est éprouver le désir d'enfant

L'apparition de l'enfant réel, lors de l'accouchement, met ses parents face à un double mouvement contradictoire. D'une part, le bébé engage l'adulte dans une prodigieuse expérience fusionnelle qui lui fait revivre et réparer son passé. D'autre part, par ses progrès affectifs, cognitifs et moteurs, l'enfant tend à s'éloigner et à se séparer, tout en sollicitant un accompagnement intime pour accéder à son état d'être individuel.

Le bébé éveille le narcissisme primaire de ses parents, dans le sens d'une recherche de satisfactions centrées sur des besoins sensoriels et d'un rêve de retour vers une condition d'origine. Sur ce plan cependant, père et mère vivent des émotions à la fois identiques et profondément différentes. Ce décalage émotif entraîne le développement d'attitudes conjointes et complémentaires.

Le père peut éprouver une intense plaisir dans un corps à corps avec son bébé. D'ailleurs, il y a eu une évolution intéressante à ce chapitre. Pendant de nombreuses décennies, les pères s'interdisaient de telles satisfactions, comme si elles ne correspondaient pas aux canons de la virilité. Il existe encore des interdits selon lesquels la relation du père serait axée sur la parole alors que celle de la mère serait axée sur la proximité corporelle. Ces tabous se fissurent, et fort heureusement, car le jeu interactif papa-bébé permet d'instaurer de part et d'autre un attachement plus profond, qui favorise – comme chez la maman – un ancrage sensoriel. En établissant ainsi une proximité physique retrouvée, le papa peut aussi prendre soin de son enfant en le nourrissant, le changeant et le baignant, autant d'activités qui, d'une part, délivrent la mère de responsabilités centrées trop exclusivement sur elle et, d'autre part, favorisent un rapprochement du couple.

La fonction paternante est ainsi valorisée dès les premiers mois et elle permet à l'épouse de se reposer davantage, ce qui est d'autant plus nécessaire qu'une légère phase dépressive est fréquente après l'accouchement. Par la suite, la proximité permet sans doute au papa de rester attentif aux détresses corporelles de son enfant, ce qui favorise la constitution d'un climat de sécurité et une lecture plus juste des émotions ressenties. En soutenant concrètement la mère, qui ne tarde pas à en redemander, le père incite les deux éléments du couple à s'inscrire d'emblée dans une prise en charge directe du petit. Ce phénomène réduit le clivage antérieur, à savoir la mère gardant pour elle le jeune enfant jusqu'à un certain âge, et le père se situant en marge, là où il pouvait refuser d'être concerné par les soucis familiaux de la vie quotidienne. Cette convergence des préoccupations ne doit pas cependant pas aboutir à la négation d'une complémentarité.

Dans sa compréhension empathique du nouveau-né, une mère a finalement neuf mois d'avance sur le père. Celui-ci ne découvre son enfant qu'au bout de longues semaines de tâtonnements. Tout en participant de façon active aux soins de l'enfant, il reste un témoin, privilégié certes, mais témoin quand même des échanges étroits et quasi symbiotiques entre la maman et l'enfant. Pour que s'amenuise cette fusion et pour que l'enfant trouve sa place d'être singulier, deux désirs parentaux doivent se conjuguer. Pour sa part, la mère doit renoncer à cette étroite intimité avec son bébé qui lui permet de revivre ses premiers investissements narcissiques, tout en trouvant, grâce à cette reviviscence, la force de materner. Quant au père, il doit avoir le désir de s'affirmer, non seulement comme époux qui soutient sa femme, mais comme partenaire qui se donne le droit d'être une tierce personne active dès les premières relations avec l'enfant. Cette convergence des attentes n'est pas aussi facile à réaliser qu'on pourrait le supposer, car elle exige plusieurs conditions.

Cela suppose d'abord que la maman ne cherche pas à accaparer de manière excessive son nouveau-né. Plusieurs facteurs peuvent expliquer qu'une mère prenne possession de son enfant : un passé difficile entraînant le désir de trouver auprès de l'enfant des satisfactions affectives primitives qui ne lui ont pas été accordées ; un sentiment de solitude et une impression d'avoir été abandonnée suscitant le désir de trouver auprès de l'enfant un éternel compagnon d'infortune ; une attention insuffisante de la part du mari qui fuit le cadre familial pour diverses raisons ; une grande fragilité physique du nourrisson déterminant par la suite une sorte de repli de la maman sur ce bébé qui exige des soins particuliers.

La convergence des attentes présuppose également que le père a réellement le désir de s'engager. S'il le fait juste par à-coups, laissant en réalité sa femme se débrouiller dès que la situation devient un peu difficile ou pesante, il met en place une pseudo-division des tâches qui l'empêche d'occuper une place réelle.

Les modalités relationnelles établies au départ pèsent lourd dans l'orientation progressive des deux époux et dans leur manière de s'investir auprès de l'enfant. Deux parents peuvent rester deux éternels amants : chacun délègue à l'autre la fonction éducative et vit la présence du petit comme une entrave aux échanges amoureux. Ils peuvent aussi instaurer une sorte de clivage permanent entre celle qui materne et celui qui « paterne ». Ils peuvent encore se sentir tellement engagés dans leur travail professionnel ou tellement submergés par des difficultés financières ou autres que l'accompagnement de l'enfant devient pour eux une fonction marginale.

Quoi qu'il en soit, deux désirs surgissent inévitablement dans le psychisme du père, l'un vis-à-vis de sa femme, l'autre vis-à-vis de son enfant. Ce double ancrage a une fonction déterminante pour l'évolution de l'enfant.

Le premier désir est tourné vers la mère. Étant donné que la femme s'éloigne momentanément en s'investissant profondément auprès de son nourrisson, elle doit être reconquise. Le père ne peut le faire qu'en se rapprochant d'elle, y compris dans le domaine sexuel, et en essayant de devenir un partenaire indispensable à son épanouissement. Il y a donc une sorte de tension écartelante entre son mouvement de réintégration de l'épouse, dans une relation duelle, et sa forte attirance pour le fruit de l'union, à savoir le bébé. Ce dernier lui échappe partiellement sur le plan de la symbiose. Il ne peut espérer investir l'enfant que dans le rôle de celui qui l'éloigne de sa mère. Pour rendre cet éloignement supportable aux yeux de la mère, il doit tenter de ramener celle-ci vers les émois amant-amante d'avant la naissance. Cet effort débouche sur un double message latent, que l'on appelle parfois curieusement la *Loi du père*, comme si les choses se jouaient au plan des interdits, alors qu'elles se jouent d'abord et avant tout dans une relation d'amour réciproque.

Comment se présente ce double message ? Vers la mère, le discours est le suivant : « Retrouve-moi dans la jouissance d'une rencontre où nous oublierons parfois ton enfant. Laisse-moi une place à tes côtés pour que je cajole cet enfant, que j'y prenne plaisir, que j'investisse cet être de chair que tu as porté en toi et qui possède ma marque, bien que je ne l'aie pas inscrit dans mon corps comme tu l'as fait. Donne-moi la possibilité de le prendre afin de l'éloigner un peu de toi et de découvrir dans ce sujet, devenu individué, les signes de ma paternité. »

Vers l'enfant, l'appel peut se résumer ainsi : « Nais à autre chose qu'à cet univers fusionnel dont tu as eu besoin pour te construire. Accepte-moi comme l'autre parent privilégié, sans qui tu ne serais pas venu au monde. Par mes attitudes à ton égard, je t'indique combien je souhaite te voir grandir et délaisser tes comportements régressifs. Par l'amour que je porte à ta mère, je barre le chemin fusionnel ou duel, et je te fais savoir que tu devras rechercher peu à peu, en dehors d'elle et avec elle, un amour qui originairement m'était surtout destiné ».

Quand l'homme se réinvestit ainsi en tant qu'amant auprès de son épouse, et quand la femme en fait autant auprès de son mari et que le couple atteint dans ce mouvement concomitant une satisfaction mutuelle, ils créent un lieu de liberté pour l'enfant, tout en lui apportant le témoignage d'adultes qui sont capables de se détourner de lui dans leur quête affective. Le père multiplie ainsi des gestes d'investissement apparemment contradictoires. Il cherche à reprendre possession de cette zone maternelle, féminine, génitale qu'il a connue avant la grossesse tout en ne pouvant jamais la réintégrer de la même manière. Il tente de capter l'attention de son petit en utilisant des modes d'échange qu'il tire de sa composante « paternante » (bercer, rassurer, tisser sa propre enveloppe fusionnelle) et en incitant le petit à s'ouvrir à d'autres intérêts (exploration, opposition, joie créée par l'absence).

Ainsi surgissent des schèmes comportementaux sous-tendus par des désirs différents chez le père et la mère. Les schèmes du père rejoignent tout de même ceux de la mère, puisque celle-ci souhaite également voir son enfant grandir. Un papa lance en l'air son bébé (ce que fait rarement une maman), pour lui faire expérimenter le jeu des alternances entre éloignement et réception affectueuse. Il lui dit alors, sans nécessairement en avoir conscience : « Vois le plaisir qui existe dans le fait de voler de tes propres ailes, et découvre simultanément le bonheur de te retrouver dans des bras capables de t'accueillir et de te soutenir. »

Un papa sollicite l'enfant dans une multitude de jeux moteurs et de jeux de rôles qui sont habituellement au-dessus de l'âge du petit garçon ou de la petite fille. Il lui communique ainsi le désir de devenir grand. Parallèlement à ce processus d'émancipation, il arrive souvent que le père accepte de se préoccuper plus longtemps que la mère de certains accompagnements. Ainsi en est-il parfois des repas : « Tiens-toi bien, reste avec nous, mange de tout » ; des soins corporels : « Va te laver, laisse-toi frictionner ou recevoir un shampooing » ; des rituels du lever et du coucher : « Je vais te conter une histoire ». Tout se passe comme s'il cherchait à créer des zones de dépendance que l'enfant accueillera avec ambivalence, car il se sent alors dissocié entre deux aspirations : la première l'incite à établir avec son père un mode d'échanges fusionnels dont il a été privé, mais dont l'érotisation devient plus évidente avec l'âge ; la seconde l'incite à ne pas se faire envahir dans son intimité.

Le père étant homme et la mère, femme, l'enfant réagit différemment à chacun de ses deux parents. À l'inverse, l'attitude de chacun de ses deux parents est différente envers lui. Une mère voit en sa petite fille son image originaire et projette sur elle des désirs d'avenir qui correspondent à la fois à ce qu'elle a vécu et à ce qu'elle aurait voulu être. Un père rejoue, par l'entremise de sa petite fille, les émois d'attraction et d'étrangeté qu'il a connus dans son enfance face à l'autre sexe. De plus, ce qu'il anticipe par rapport à l'avenir de sa fille est lié aux images de rêves, de craintes et de déceptions qui sont liées à sa perception de la femme.

Le phénomène est inverse lorsqu'il s'agit d'un petit garçon : ce dernier renvoie au papa les reflets des tâtonnements qui ont organisé son identité et il permet à la maman de faire face à une partie d'elle qui lui est inconnue et qu'elle peut désormais imaginer. Bref, le père tient dans ses bras une partie de son Moi lorsqu'il s'occupe de son fils, alors qu'il doit s'ajuster à un Non-Moi lorsqu'il accompagne sa fille. Une mère rejoue la construction de son Moi dans le maternage d'une fille et se confronte à son Non-Moi quand elle prend soin de son fils. Pour l'enfant-fille, la mère représente ce qu'elle sera plus tard et le père ce qu'elle côtoiera, puis découvrira. Pour l'enfant-fils, le père reflète son avenir tandis que la mère lui renvoie l'image de celle qu'il choisira peut-être un jour. Par conséquent, il est absolument faux de penser que l'accompagnement de la mère et du père est le même, sous le prétexte fallacieux qu'ils sont des parents et qu'ils aiment leurs enfants autant l'un que l'autre.

En fonction de leur histoire – qui dépend elle-même des aléas de leur aventure existentielle avec leurs propres parents –, en fonction du sexe, de l'âge et de la manière d'être de chaque enfant, en fonction de la qualité de vie du couple, en fonction de l'influence du réseau familial élargi – incluant le reste de la fratrie et les grands-parents –, en fonction des conditions professionnelles, socio-économiques et socioculturelles, le parent laissera sa marque auprès de son fils ou de sa fille, et l'enfant lui-même, selon sa propre alchimie, assimilera puis transformera tous ces matériaux.

Voyons à présent, dans cette étonnante spirale interactive, quel est le rôle de la fratrie.

La fratrie

Tous les enfants ne se retrouvent pas au sein d'un groupe de frères et de sœurs. Le rôle d'enfant unique comporte des avantage et des inconvénients. Il permet en général aux parents de consacrer plus de temps à l'enfant, ce qui influence son besoin d'affection ainsi que son degré de sécurité et de confiance en lui-même. L'enfant unique bénéficie alors d'une « enveloppe » sensorielle et émotive plus étroite, tout en se voyant parfois rogner une zone de liberté et de spontanéité. Il peut plus ou moins compenser cette absence d'échanges entre frères et sœurs par des échanges avec des enfants de son âge qui jouent alors le rôle de jumeau, de puîné ou d'aîné… Sans nier les avantages que l'enfant peut tirer d'une telle situation, nous analyserons les fonctions d'une fratrie en soulignant que ces fonctions se retrouvent souvent dans les groupes de copains ou de copines côtoyés au cours de l'existence.

Un membre de la fratrie peut constituer une figure d'attachement déterminante

Une sœur ou un frère plus âgé constitue des pôles d'attraction souvent très importants dans la vie d'un enfant. Lorsque ces deux enfants ont plus de quatre ou cinq ans de différence, le rôle de l'aîné est très particulier. Par certains côtés, les aînés deviennent des parents substitutifs car ils se voient souvent confier la garde du petit frère ou de la petite sœur, qu'ils aident également à manger, à se laver et à s'habiller, tout en tirant de ces responsabilités autant le plaisir d'être grands que la frustration d'avoir des charges un peu lourdes. Si, à un moment donné, les parents fléchissent dans leurs capacités d'accompagnement, ces frères ou sœurs peuvent même devenir de véritables points de repère salvateurs auxquels le petit s'attache. Ils constituent des sortes de repères identificatoires intermédiaires.

Entre la génération des parents et celle des enfants, la route est longue et les perspectives, lointaines. Entre des enfants séparés par quelques années seulement, le hiatus est beaucoup moins grand. Il est plus facile pour le petit de prévoir ce qu'il adviendra de lui grâce au reflet d'images à la fois distanciées et proches. L'aîné devient une référence qui donne envie de grandir, d'aller à l'école ou de faire une activité sportive, tout en faisant un peu peur à cause de ses plaintes face à certaines charges qu'il récuse. Par contre le petit, y compris au moment de sa naissance et durant les premiers mois, renvoie le plus grand à sa condition d'origine. Les aînés revivent des modes de relations qu'ils ont dû abandonner au fil des ans et se trouvent ainsi plongés dans un reflet nostalgique de leur passé. Il n'est donc pas rare que l'arrivée d'un bébé et l'accompagnement de celui-ci déclenchent la résurgence de comportements régressifs. Pendant un certain temps, l'enfant plus vieux recommence à sucer son pouce et à faire pipi au lit, et il cesse de progresser à l'école…

Le face-à-face avec le futur et avec le passé que vit le plus vieux déclenche en lui d'intenses sentiments de jalousie, d'envie, d'admiration ou de compétition qui colorent les perspectives de tous les membres de la fratrie.

Là encore, il serait naïf de penser que chacun se bâtit seulement en fonction des comportements réels des frères et sœurs. L'enfant se construit aussi une fratrie de rêve, ce qui provoque l'apparition de multiples fantaisies enrichissant et modulant la vie affective de tous les protagonistes. Ce phénomène survient souvent chez l'enfant unique également, qui s'échafaude l'image d'un frère ou d'une sœur imaginaire.

La fratrie met les relations «au pluriel»

La fratrie est un groupe qui se construit avec les parents et à côté d'eux. Elle permet la constitution d'un espace très singulier où s'expriment les joies et les heurts de la socialisation. Les relations tissées dans ces circonstances sont d'une grande complexité, car les affects qu'elles déclenchent sont intenses, changeants et souvent contradictoires. À tel ou tel moment de la journée, il y a des phases d'entraide tout à fait remarquables: l'enfant qui pleure est consolé par l'autre, celui qui n'arrive pas à réussir son devoir scolaire trouve soudain une aide inespérée, celui qui se sentait abandonné reçoit un soutien salvateur. Quelques heures plus tard, ce réseau qui semblait sans faille se défait dans une dispute, un échange de coups, une série d'insultes. La racine de ces heurts remonte à la veille et s'actualise à partir d'un simple petit événement déclencheur. Un affrontement prolongé semble inévitable, mais il se résout bientôt, grâce à l'aide d'un tiers qui, deux heures auparavant, avait pourtant provoqué un autre conflit.

Attractions, rejets et indifférences ponctuent ainsi la vie du groupe. Des mécanismes d'ajustement obéissent à des codes dont l'un des membres devient momentanément le dépositaire. Ces périodes de tension et de détente sont habituellement régies par un ensemble de règles dont une partie est inconnue des parents, mais qui soudent pourtant le groupe. En effet, l'application de ces règles exige un certain niveau de tolérance ainsi que des éléments de connivence tantôt gardés sous le sceau du secret, tantôt dénoncés de façon dramatique, tantôt transmis à demi-mot. Les enfants ont fait ensemble de petites bêtises. La perspective menaçante de voir les parents s'en apercevoir est jugulée par une alliance transitoire qui soude les membres l'un à l'autre en les rendant tous un peu coupables. Pour apaiser les tensions, il faut souvent livrer à la mère ou au père une partie du fardeau, celle qui a créé chez un membre de la fratrie l'impression d'avoir été trahi. Cette dynamique de la fratrie, dont nous venons d'esquisser la structure, provoque l'apparition de rôles et de sous-groupes.

Pour donner des exemples de rôles, pensons à l'enfant qui veut garder la position du petit et qui est prêt à faire de nombreuses tractations pour y arriver ; à un aîné qui souffre d'un léger retard pubertaire et qui se sent détrôné par la croissance accélérée d'un cadet ; à un garçon qui adopte le rôle du bon élève tandis que sa sœur trouve un équilibre tout à la fois satisfaisant et dévalorisant dans le rôle de cancre ; à un enfant qui est perçu comme le boute-en-train de la famille et qui doit jouer son rôle de bouffon chaque fois que l'un des membres de la fratrie est déprimé...

Si le groupe compte au moins trois protagonistes, des sous-groupes se forment fréquemment. Par exemple, deux enfants partagent toujours leurs jeux, tandis que le troisième, en position d'isolé, s'adapte en devenant le « bricoleur de la famille ». Ces sous-groupes peuvent demeurer intacts durant toute la trajectoire de la jeunesse, ils se font et se défont selon des alliances transitoires, et se brisent lorsque l'un des enfants entre dans l'adolescence avant que son jeune frère ou sa jeune sœur ait fini sa puberté. Les sous-groupes dépendent parfois des situations vécues : les activités sportives provoquent tel regroupement tandis que les tâches scolaires ou les jeux proposés avant d'aller se coucher en font apparaître d'autres. Un petit garçon ou une petite fille réclame parfois la présence d'un des aînés juste avant de se mettre au lit, comme si, à ce moment-là de la journée, ce sujet plus âgé constituait une sorte d'objet transitionnel lui permettant de supporter la rupture d'avec ses parents.

La multitude et la richesse de ces échanges permettent de comprendre que la fratrie apporte de multiples occasions d'exercer la tolérance mutuelle, de moduler les formes réciproques de communication, tout en plaçant chaque sujet devant des situations conflictuelles qu'il lui faut apprendre à maîtriser.

Les liens de la fratrie se tissent par le jeu

Le jeu est une voie d'expression et de réalisation royale. Nous en reparlerons un peu plus loin. Ici, nous voulons souligner à quel point le jeu occupe une place prédominante dans les relations entre frères et sœurs. On joue à s'attaquer, à se cacher, à se tirailler, en acceptant de suivre des règles communes et en se soutenant mutuellement, autant dans l'élaboration de ces règles que dans leur application. Et surtout, on construit ensemble des scénarios dans lesquels on distribue des rôles qu'on joue et qu'on transforme, avec l'appui reconnu d'un frère ou d'une sœur plus imaginatif, qui plonge l'ensemble de la fratrie dans un monde ludique où la magie de l'histoire permet de tisser une sorte de fantasmatisation commune.

Très souvent, il se bâtit ainsi chez les enfants un espace psychique dont le contenu échappe à la connaissance des parents. Cet espace forme le jardin secret des frères et des sœurs, avec des héros dont l'histoire est reprise chaque jour et qui peuplent des coins de la maison, lieux de mystères, de craintes et de joies. Des années plus tard, on a souvent oublié les thèmes qui ont nourri ce jardin secret, mais on se rappelle encore, avec une certaine nostalgie, combien on a aimé le labourer et le planter pour en faire un monde à la fois hors des parents et proche de leur vision et de leur écoute.

La fratrie est un lieu d'apprentissage de la sexualité et de son contrôle

Les jeux en commun permettent aux corps de se toucher, de se batailler ou de se rapprocher en éprouvant quelques émois sensuels. Souvent, la sexualité se déploie librement au cours de ces jeux et de ces histoires de princes et de princesses, de mariages, d'exhibition de force et de capacités séductrices. En se costumant et en se déguisant, on voit dans les yeux des autres combien le personnage de son rôle peut être désirable. Jusqu'à un certain âge, on prend son bain ensemble et la nudité des uns et des autres est souvent l'objet de plaisanteries et de taquineries sans que les tabous de l'inceste ne soient écornés.

En s'initiant au rouge à lèvres, aux collants, à la fausse moustache, à la première cigarette fumée en cachette, puis en présentant le premier vrai copain ou la première vraie copine, on s'exerce à l'apprentissage de certains modèles identificatoires de la sexualité, tout en ponctuant ces essais de récits un peu « cochons » dont une partie ou la totalité de la fratrie ne saisit pas le sens véritable. On échange des vêtements, ce qui est l'occasion de comparaisons, de rivalités, de disputes mais aussi de partages authentiques.

Par toutes ces activités, frères et sœurs s'exercent mutuellement à découvrir leurs différences et leurs complémentarités, tout en expérimentant des modes de relations où l'érotisation est présente, sans transgresser les interdits liés à l'expression directe de la génitalité. En ce sens, on peut dire que la fratrie a une fonction de « pionnier sexuel ».

La fratrie, par son existence même, impose des règles ambiguës et paradoxales

La proximité des membres du groupe fraternel détermine de nombreuses sources de tensions liées à l'envie, aux désirs mutuels de possession, aux rivalités par rapport aux parents, aux sentiments ambivalents éprouvés les uns envers les autres. Pour gérer cet univers émotionnel, des règles ambiguës sont édictées, autant par les parents que par les protagonistes. En voici quelques-unes, tirées pour la plupart d'un livre de S. Bank et M. Kahn intitulé *The Sibling Bond* (15e éd., New York: Basic Books, 1996).

- Soyez proches, mais suffisamment distants pour rester séparés et individués.
- Soyez loyaux entre vous, mais sans déloyauté envers les parents.
- Admirez l'autre, sans vous laisser écraser par lui.
- Soyez compétitifs, sans dominer et sans être dominés.
- Sachez vous défendre, mais sans violence.
- Partagez, mais ne vous laissez pas faire.

Bien qu'elles semblent paradoxales, ces règles ont leur utilité puisqu'elles participent à la constitution d'une conscience morale dans laquelle est présente la notion de responsabilité. De plus, elles permettent de laisser surgir des négociations puis des ajustements, au cours desquels les enfants apprennent à vivre en commun.

La fratrie fournit des éléments de continuité intra et intergénérationnelle

Par leurs différences d'âge, frères et sœurs se voient offrir une panoplie de modèles qui leur permettent de se situer, non seulement par rapport à leur complémentarité sexuelle, mais aussi par rapport aux multiples étapes de l'enfance et de l'adolescence. Si la fratrie est suffisamment nombreuse, il y a un chaînon qui va des premières années de la vie jusqu'à l'adolescence. Cette lignée, côtoyée chaque jour, favorise l'enracinement dans une famille puisqu'elle témoigne à chaque enfant de la réalité suivante : « Tu as des frères et des sœurs de la même mère, du même père ou des deux réunis. Vous êtes de la même souche, vous habitez le même lieu et vous constituez, en dépit de vos décalages dans le temps, une même génération qui dépend elle-même de l'histoire intergénérationnelle que vos parents et grands-parents représentent. »

Lorsque l'un des parents disparaît, un rapprochement se produit souvent envers un aîné, comme si celui-ci, représentant une étape intermédiaire où il a parfois joué un rôle paternel ou maternel substitutif, redonnait un élément de continuité et permettait que s'élabore plus facilement le deuil du disparu. S'ils n'ont pas été déchirés par des événements, en particulier par des questions d'héritage qui ravivent parfois des rancœurs liées aux impressions d'avoir été plus ou moins aimés, les membres de la fratrie trouvent – une fois adultes – un espace et une structure de soutien et d'accueil où, se rappelant les bons et les mauvais moments passés, ils peuvent évoquer cette famille mythique dont ils sont issus.

La fratrie joue un grand rôle dans le passage de l'illusion à la désillusion

L'enfant unique peut s'imaginer assez longtemps qu'il est l'élu de la famille, celui ou celle qui reçoit sans avoir à donner. L'arrivée de frères ou de sœurs qui réclament leur dû fissure très vite une telle illusion car elle provoque des attentes et des rêves, et mobilise les parents autour du nouvel enfant.

Cela ne tarde pas à créer une situation lourde d'ambivalence et de jalousie. Bien sûr, grâce à cet enfant, l'aîné peut s'exercer à des rôles de mère ou de père qui le valorisent. Cependant, ce puîné est aussi celui qui accélère le processus inexorable de la séparation d'avec les parents. Il faut partager avec lui, même si l'on est tout petit, et il faut supporter l'idée de lui concéder des gratifications dont on était le dépositaire avant son arrivée. Le plus jeune, de son côté, découvre au fil des années qu'il n'a pas droit à certaines choses à cause de son âge.

Il y a ce petit frère ou cette petite sœur, il y a ce rêve de petit que l'aîné s'est bâti, il y a ce « grand de rêve » que le bébé a placé dans son cœur, et entre tout cela il y a la réalité des conflits quotidiens, tantôt soumis aux parents, tantôt laissés à l'affrontement et aux rapports de forces. Par certains aspects, la fratrie est donc impitoyable, exigeante et génératrice de souffrance. Elle est à la fois un lieu prodigieux de satisfactions mutuelles et un monde où il faut apprivoiser le désenchantement.

Les grands-parents

À l'intérieur du creuset familial, les grands-parents occupent souvent une place très particulière pour leurs petits-enfants et leurs enfants devenus parents. Nous allons tenter de présenter les grandes lignes de ce phénomène et de l'illustrer par une anecdote.

Évelyne a 6 ans. Elle vient de finir de jouer avec ses poupées et se dirige vers sa grand-mère qui se repose devant la télévision. Elle se cale dans un fauteuil, reste silencieuse un instant et pose soudain trois questions qui attendent manifestement une réponse immédiate: « Mamie, comment elle était maman, quand elle était petite ? » Et avant même que mamie n'aie pu répliquer, la fillette enchaîne: « Papa, il a eu aussi une maman et un papa ? Comment étaient-ils ? » À nouveau, un silence se fait; puis l'enfant ajoute: « Quand je serai grande, toi aussi tu seras avec les mamies et les papis que je n'ai pas connus ? »

Selon moi, cette triple interrogation résume étonnamment bien les principales fonctions des grands-parents, fonctions dont les livres parlent bien peu:

a. Les grands-parents jouent un rôle important en tant que références identitaires de filiation individuelle et sociale;

b. ils possèdent une zone du jardin secret originaire que tout être humain voudrait tant cultiver;

c. ils témoignent de manière fascinante, et un peu inquiétante, d'une trajectoire de l'existence dont l'évocation éveille les idées de fragilité et de mort;

d. ils assument ces fonctions non seulement à l'égard de leurs petits-enfants, mais aussi à l'égard de leurs enfants, qui puisent à partir d'eux une partie de leurs compétences parentales, et ils rejouent également, dans une autre tonalité, leur propre aventure passée de mère ou de père;

e. ils participent ainsi à l'édification d'un réseau familial dont chaque protagoniste tisse, embrouille et dénoue l'enchevêtrement des mailles; ce processus existe même si les grands-parents ont disparu, et à plus forte raison s'ils sont présents.

Les grands-parents jouent un rôle important en tant que références identitaires de filiation individuelle et sociale

Aucun être humain ne peut être à l'aise sur le plan de son identité s'il ne parvient pas à repérer sa place au sein du réseau qui l'a accueilli, puis accompagné. Cette quête ne se réalise que si le sentiment de continuité s'affirme au fil des années grâce à la rencontre avec des personnes capables de témoigner du creuset familial fondateur.

Les grands-parents possèdent les clés d'une bibliothèque qui ouvre sur le passé. Lorsqu'une mère ou un père revient vivre momentanément chez ses parents, il renoue avec des comportements qu'il avait délaissés dans son milieu de vie habituel. Tel objet fragile, tel coin de chambre, telle odeur émanant d'un tapis éveillent en lui ou en elle des souvenirs doux ou amers. Selon le cadre dans lequel se situe la scène, une connivence dont le sens échappe à l'épouse ou à l'époux permet de reconstituer entre adultes les pans d'une aventure infantile qui avait été ponctuée de jeux, de disputes et de réconciliations. On évoque des bribes d'histoires. Chacune d'entre elles livre aux protagonistes présents une part d'inconnu. Celui ou celle qui écoute – et qui devient brièvement l'acteur principal – reçoit le précieux cadeau de moments à demi oubliés. « Raconte, mamie », dit l'enfant du parent désigné, « comment était maman-enfant, comment était papa-enfant, moi je ne connais que leurs traits actuels ! » Mamie accepte, refuse ou décrit un fragment du passé. Chacun rit, mi-content mi-gêné. On associe son chapitre personnel à l'histoire, tout en contribuant à l'édification d'une saga dont les autres épisodes s'additionneront au rythme des rencontres occasionnelles.

À d'autres moments, des photos ou des films sortent du tiroir. Les rires fusent tandis que d'autres questions surgissent. À partir des réponses, des silences et des rêveries, une sorte d'inconscient collectif familial s'édifie. Les non-dits y servent, autant que les révélations, à ouvrir aux dimensions du passé le groupe dénommé « famille ». La filiation dépasse donc le fait d'être le fils ou la fille de ses parents. Elle est la résultante de juxtapositions générationnelles où la réalité des événements, leurs perceptions par ceux qui en ont entendu parler ainsi que les projections accumulées finissent par constituer une aventure groupale, avec des zones de lumière, d'ombres et de noirceur.

Par leur recul, par le fait qu'ils ont connu des expériences émotives liées à des personnes disparues ou transformées dans leur âge, leur condition et leurs fonctions, les grands-parents occupent une place privilégiée. Ils peuvent donner un sens global à ce que chacun vit sur un mode parcellaire. Les enfants ne connaissent pas l'histoire de leurs parents. Les parents ne connaissent guère l'histoire de leurs géniteurs. Les mères ignorent la trajectoire infantile de leur mari et les pères, celle de leur épouse. Des oncles, tantes, cousins, cousines à présent disparus ont pourtant modelé – par leurs influences directes, par le jeu des héritages, par la transmission de rumeurs – le creuset dans lequel chacun a vécu et vit encore. Des unions brisées puis reconstruites ont brouillé et redistribué les cartes.

De cette aventure, seuls les grands-parents et arrière-grands-parents – s'il y en a – peuvent tant bien que mal témoigner pour organiser les faits. Il constituent des pôles référentiels qui permettent à la famille – au sens large – d'avoir la conviction d'être inscrite dans une trajectoire, autant spatiale que temporelle. Dans cette trajectoire, les questions « qui sommes-nous ? » et « d'où venons-nous ? » peuvent trouver des ébauches de réponses suffisantes pour permettre à chacun de se situer dans l'identité collective.

Les grands-parents possèdent une histoire sociale que leurs petits-enfants, et souvent même leurs propres enfants, ne connaissent pas. Tant sur le plan de l'évolution des conceptions politiques, morales et sociales que sur celui des changements technologiques, ils témoignent d'une aventure dont les séquences ont modelé peu à peu le visage d'un présent en constante mutation. Lorsqu'un grand-parent parle de l'époque où la télévision n'existait pas, où les avions étaient différents, où les moyens médicaux étaient impuissants devant certaines maladies, à présent jugulées, et où les conceptions vis-à-vis de la sexualité étaient autres, il peut déclencher deux types de réaction : le désir d'écouter et celui de dévier la conversation. Le passé devient troublant quand on s'aperçoit que les connaissances, les adhésions aux valeurs et les mythes sont à la fois éternels et transitoires dans la trajectoire humaine.

Les grands-parents possèdent une zone du jardin secret originaire que tout être humain voudrait tant cultiver

L'histoire d'une famille est continuellement sous-tendue par le poids des secrets. À moins qu'ils ne déclenchent des frictions qui ne sont jamais abordées au grand jour, les secrets ne doivent pas être considérés comme des éléments négatifs dans la dynamique familiale. Leur existence confère à chacun une zone d'intimité, et l'espace qu'ils créent permet d'imaginer un roman collectif. Ainsi, ils favorisent les jeux d'interactions et de fantaisie chez tous les membres.

Les grands-parents ont vécu une aventure sentimentale. Celle-ci a d'ailleurs contribué à forger leur destinée et à provoquer la naissance de leurs enfants devenus à présent parents. Cette aventure est livrée par bribes, mais l'essentiel du contenu émotif est à jamais scellé, inconnu. Quant aux parents, ils ont connu, au cours de leur enfance et dans le réseau singulier de leurs fratries respectives, des aventures réelles et ludiques dont la majorité des épisodes ne sont pas révélés. Les parents ont leurs zones d'intimité qui amènent leurs propres enfants à se poser un jour ces questions impossibles à résoudre : « Pourquoi ai-je été créé ? Ai-je été vraiment désiré ? »

Compte tenu de leur ancienneté, les grands-parents sont les mieux placés pour connaître les histoires troubles ou amusantes des oncles, des tantes, des cousins ou des cousines, de toutes ces personnes qui, par leur présence et les rumeurs qui les entourent, suscitent un halo parfois prestigieux et parfois sombre. Les grands-parents ont une position charnière : par leur vie de couple, qui renvoie à une histoire antérieure peuplée d'êtres évoqués et généralement disparus ; par leur vie de famille, dans laquelle le roman de la mère et le roman du père ne couvrent chacun qu'une moitié de l'aventure ; par leur rôle dans l'ici-et-maintenant d'une nouvelle famille qui assure leur prolongement. Ils peuvent ouvrir le livre du passé, mais ils peuvent également en changer certains chapitres et biffer des paragraphes.

Ce réveil du jardin secret originaire devient très net à certains moments privilégiés, par exemple lors de la grossesse. La fille qui annonce à ses parents et à ses beaux-parents qu'elle est enceinte parachève son processus d'individuation.

Le flambeau de la continuité est transmis puisque, d'enfant de sa mère, elle devient mère de son enfant. En même temps que se cristallise ainsi une séparation, la future mère se rapproche presque toujours de sa propre mère et ce mouvement va bien au-delà d'une recherche de soutien matériel. La maman enceinte se met à vivre ce que sa mère a connu en la portant, et cette grand-mère réactualise son aventure originaire par l'entremise de sa fille. Cette fille attend que sa maman la soutienne avec empathie, désire lui parler de ce qu'elle vit et ressent, tout en souhaitant établir une distance suffisante pour ne pas se retrouver coincée dans le rôle simultané de fœtus, de nourrisson, de petite fille et d'adolescente. Elle profite de ce moment privilégié, quand le noyau d'origine est mobilisé, pour constituer une dyade étonnante : une mère ayant enfanté une fille devenue porteuse de cette même expérience créatrice dont elle est issue. Chacun tente, au cours de cette période et avec ses propres modes, de rejoindre le jardin secret de ses origines. L'annonce de l'enfant à venir bouscule les sillons de ce jardin, et éveille également le désir de creuser ce qui a pu se jouer entre ses géniteurs pour lui permettre d'éclore à la vie.

Les grands-parents témoignent, de manière fascinante mais un peu inquiétante, d'une trajectoire de l'existence dont l'évocation éveille les idées de fragilité et de mort

Se retrouver grand-parent constitue une étape importante de la vie. La continuité est assurée par l'apparition de l'enfant. Quelque chose est également achevé par rapport à son propre fils ou sa propre fille puisqu'il ou elle accède à son tour à l'expérience de la parentalité. Le cycle de vie se reconstitue et permet ce don précieux d'un petit-fils ou d'une petite-fille dont la présence fera surgir à nouveau les émois d'une maternité ou d'une paternité.

Le fait de devenir grand-parent officialise en même temps un mouvement de bascule dans le décalage des générations. On entre vraiment dans le troisième âge quand on voit devant soi les témoins de deux époques qui se sont succédées après la constitution du couple. Il y a une joie profonde à constater la présence d'un être humain qui permet une prolongation de soi, mais ce prolongement signifie qu'une page est définitivement tournée, celle de sa propre aptitude à donner la vie. Être grand-parent met donc face aux idées de perte, de fragilité et de mort, tout en conférant paradoxalement une nouvelle jeunesse à l'idée de recommencer en partie à accompagner un petit.

À partir du moment où la mère et le père donnent la vie, ils n'établissent plus les mêmes relations avec leurs parents et leurs beaux-parents. Ces derniers deviennent des mamies et des papis, et il y a une sorte de malaise à les appeler encore maman ou papa. On vient les voir, certes pour eux-mêmes, mais aussi pour leur amener leur petit-fils ou leur petite-fille qu'ils gardent parfois. On ne les aime plus tout à fait de la même manière. Le jeune parent éprouve à la fois le désir d'être soutenu dans sa tâche par ses géniteurs et celui de se distancier de leurs modes d'éducation en se méfiant un peu de leur emprise. S'il y a une joie réelle à voir grand-maman et grand-papa investir le petit, on se protège de leur désir de possession. Certains retraits semblent nécessaires. Tant pour des raisons de soutien matériel (par exemple le temps de garde souhaité) que pour des besoins de répit afin de reconstituer le couple, on souhaite voir ses parents ou beaux-parents s'inscrire dans les tâches éducatives, mais sur un mode d'interactions complexes et non sans une certaine crispation parfois, par exemple si l'enfant confié à ses grands-parents pendant quelques heures ou quelques jours change ses comportements.

Le petit garçon ou la petite fille rapproche grandement les protagonistes, tout en accentuant le décalage des générations.

Le vieillissement amène progressivement des soucis de santé. Les grands-parents en parlent parfois, d'autant plus qu'ils découvrent au fil des années les fatigues entraînées par la prise en charge de leur petits-fils ou de leur petite-fille quand ils viennent à la maison. De sérieux problèmes médicaux peuvent survenir. Leur évocation puis l'attente des résultats provoquent des inquiétudes dans l'ensemble du groupe familial. Ces alertes déclenchent des réactions de la part de la fille ou du fils alarmé. On gronde affectueusement la mamie ou le papi qui « oublient leur âge ». On leur prodigue des conseils lorsque les craintes deviennent plus fondées, ce qui contribue à renverser le rapport des forces antérieures, quand l'enfant devenu parent connaissait ce mode de soutien et de protection.

Dans l'esprit des petits-enfants, grand-maman et grand-papa deviennent ainsi des sujets fragiles. Cette notion de vulnérabilité entraîne une connivence entre petits-enfants et grands-parents, connivence dont parle avec beaucoup de finesse Jacques Godbout quand il écrit : « Les grands-parents seuls possèdent les fenêtres du passé par lesquelles s'engouffrent des odeurs, des lumières et des sons qui meublent l'avenir… Mais il y a mieux encore. Entre petits-enfants et grands-parents existe par définition une relation secrète qui tient à l'âge. Les petits-enfants savent que grand-père et mamie sont fragiles. Ce sont les grands-parents qui, habituellement, font découvrir le destin, la maladie, la mort. Les parents seront toujours là, croient les enfants, mais ni grand-papa ni grand-maman ne sont éternels. »

Tandis que fille et fils puisent auprès de leurs parents une partie de leurs compétences, ceux-ci rejouent dans une autre tonalité leur aventure passée de mère ou de père

On ne peut guère être mère et père sans rechercher des références identitaires chez ses propres parents. Ces phénomènes d'introjection des images maternantes et « paternantes » commencent très tôt et s'expriment dans les scénarios construits par l'enfant avec ses poupées. Ils s'actualisent dans les interactions entre frères et sœurs par les responsabilités assumées à l'égard des plus jeunes. Ils se transforment au fil des rencontres avec les différents adultes que côtoie la famille. Ils sont remis en cause lors de l'adolescence, quand les essais d'émancipation débouchent sur l'adoption d'attitudes critiques ou revendicatives. Ils sont remodelés lorsque le fils ou la fille découvre un partenaire susceptible de partager son existence.

Il faut une certaine disponibilité intérieure pour accueillir et accompagner la trajectoire de vie d'un enfant. Cette disponibilité prend ses racines dans la manière dont chaque parent, lorsqu'il était plus jeune, a été lui-même soutenu au fil des années. Depuis la qualité des soins de pouponnage jusqu'aux fonctions de contenant et de pare-excitation, en passant par l'empathie (toutes ces anticipations positives dont nous avons parlé dans la première partie), ces points pourraient tous être repris pour montrer combien les exigences d'un suivi parental mobilisent l'histoire du cheminement infantile de chacun.

Quant au grand-parent, il vit plusieurs types d'émotions qui teintent fortement sa relation avec les parents de son petit-fils ou de sa petite-fille. Lorsqu'il repense aux modes d'éducation qu'il avait lui-même proposés, il reconnaît des zones de forces et de faiblesses. Il se souvient de phases pénibles, soit à cause de tensions au sein de son couple, soit à cause du désarroi créé par les troubles de comportement momentanés ou durables de l'enfant devenu parent qu'il a accompagné. Il a donc un désir de réparation et de revanche, en même temps qu'un espoir de répétition améliorée de ce qu'il a pu assumer.

C'est habituellement autour des positions d'autorité et des apports d'affection qu'il se perçoit en décalage par rapport à ce qu'il aurait voulu faire. On parle souvent de la grande tolérance des grands-parents, de leur tendance à établir une relation de connivence et de leur côté protecteur; on parle moins souvent des raidissements que certaines attitudes déclenchent, soit parce qu'elles éveillent des souvenirs pénibles, soit parce qu'elles traduisent des décalages inévitables dans les conceptions éducatives. Il y a donc, chez le grand-parent, l'élaboration d'un enfant de rêve dont les éléments prennent racine dans son aventure antérieure avec ses propres enfants, dans les tribulations de son couple et dans les attentes actuelles. Il en résulte que l'enfant ne fait pas face aux mêmes demandes, aux mêmes exigences, en présence de ses parents et en présence de ses grands-parents. Quelles en sont les conséquences ?

L'enfant se voit offrir des zones d'accueil diversifiées dans lesquelles il peut exprimer autrement ses manières d'être et de faire, tout en se sentant généralement accepté dans ses modes d'ajustement successifs. Des phrases apparemment anodines comme « Je veux coucher chez toi ce soir… Je voudrais être tout le temps avec toi… » sous-tendent soit le désir de se constituer un cocon transitoire, soit celui de s'isoler temporairement d'une situation anxiogène, soit d'éviter un affrontement désagréable, soit tout simplement de se coucher plus tard. On ne joue pas de la même manière; on ne raconte pas les mêmes histoires; on ne s'affirme pas de la même façon, ce qui fournit un espace élargi d'individuation sans être écartelé par des demandes conflictuelles puisque ces transformations sont habituellement admises.

Jusqu'ici, ces phénomènes ont été présentés comme s'il y avait un seul petit-fils ou une seule petite-fille. Dans les faits, il y a souvent une fratrie dans laquelle chaque membre établit des modes de relations privilégiés avec tel ou tel partenaire. Mamie ou papi a déjà pu établir une alliance particulière avec l'un des enfants. Une naissance peut modifier les données puisqu'elle risque d'entraîner une dérivation des investissements et puisqu'elle signifie la réalité d'un partage. Les positions de chacun vis-à-vis des grands-parents contribuent ainsi à bousculer profondément la dynamique de la fratrie.

Les grands-parents peuvent aussi avoir des petits-enfants issus de différents enfants. Ceci colore très différemment les capacités de s'occuper de chacun d'entre eux, d'autant plus que des questions de distance ou d'affinités envers tel fils ou telle fille, tel gendre ou telle bru, pèsent lourd dans la balance.

Dans bien des cas, il existe deux groupes de grands-parents, celui de la mère et celui du père. Se rencontrent-ils ? Curieusement, il est assez rare que la mère et le père cherchent beaucoup à rapprocher les grands-parents et les beaux-parents, comme si chacun voulait garder sa cellule originaire. Collaborent-ils ensemble ? Ont-ils des préférences ? Se voient-ils complémentaires ou en rivalité ? Autant de questions dont les réponses déclenchent d'autres processus.

À partir d'une vision apparemment linéaire, celle de « un enfant – deux parents – une fratrie – quatre grands-parents », on se trouve peu à peu projeté vers une conception groupale, un tissu social dans lequel chaque protagoniste tisse une maille, ce lien n'ayant de sens que par l'enchevêtrement de fils dont la qualité dépend non seulement du bon vouloir de chacun, mais aussi de la cohérence du système.

Le réseau familial élargi

Le réseau familial élargi comprend les oncles, les tantes, les cousins, les cousines, voire des amis très proches qui jouent – à tel ou tel moment de l'existence d'un enfant – un rôle parental de substitution. Il n'est pas rare que l'un des garçons ou l'une des filles de la famille aille passer quelques semaines ou quelques mois chez l'un des membres latéraux. À partir de cette expérience, il fait des comparaisons, trouve de nouveaux modèles, remodèle ses liens de filiation. Ce jeu des alliances et des tensions éventuelles est à la fois interactionnel et fantasmatique. Puisque nous avons déjà utilisé à plusieurs reprises ces deux termes, il est bon d'en préciser le sens.

Par « interactionnel », nous voulons parler de la somme des phénomènes réciproques qui surgissent au sein de ce réseau familial élargi : dialogues entre partenaires – non-dits – réactions face aux attitudes de chacun — cohésion ou rivalités déclenchées entre enfants par la formation transitoire de sous-groupes – prise momentanée de rôles – fonctions substitutives que les événements de la vie appellent à assumer vis-à-vis tel ou tel jeune – découverte de conceptions morales ou religieuses différentes – affrontement à de nouveaux interdits.

Le terme « fantasmatique » désigne une autre dimension : à la suite des gratifications et des privations qui jalonnent l'existence, chacun a ressenti des émotions, chacun a orienté vers une personne des désirs, satisfaits ou non, même si la personne n'a rencontré que brièvement l'objet de ces désirs. Il en résulte la construction d'images hallucinatoires qui cherchent à combler les attentes de chacun. Oubliées, refoulées, transformées, amalgamées, ces images constituent une trame préconsciente et inconsciente qui colore les visions réciproques et provoque en plus une série de comportements. Ces comportements échappent en grande partie au contrôle puisqu'ils ne sont pas maîtrisables. De plus leur addition sous-tend le dynamisme groupal, tant à l'échelon de l'individu qu'à celui du creuset d'accueil familial.

Qui peut comprendre pourquoi mamie ou papi s'attache plus spécifiquement à tel enfant alors que son discours conscient affirme que sa préférence ne se dirige vers personne ? Qui peut saisir cet intense mouvement de sympathie d'un petit garçon ou d'une petite fille envers un oncle ou une tante qui porte l'auréole du parent idéal ? Qui peut pressentir que, dans le secret de son cœur, un grand-père ou un beau-père établit avec sa belle-fille une relation à composante incestueuse, bien que dégénitalisée, tandis que la maman découvre chez son gendre une zone de tendresse qu'elle aurait voulu trouver chez son mari ? Qui peut comprendre qu'un fils, bien qu'il épouse sa conjointe pour elle-même, se soit d'abord senti attiré par la présence d'un beau-père qui éveillait en lui le désir inassouvi d'une rencontre avec un père ? Qui peut percevoir que l'attachement premier d'un enfant ne s'est pas dirigé vers ses parents, mais vers une grand-mère, une tante, une cousine dont la qualité des soins fut déterminante pour l'ancrage des liens fondateurs.

Cette alchimie, où se mêlent les attitudes de la vie quotidienne et leur impact direct, des images intériorisées et leurs influences, des rêves inaccessibles et les halos qu'il éveillent, tout cela finit par dessiner ce lieu fascinant qu'on appelle « ma famille ». L'enfant n'y est pas un élément passif. Lui aussi se façonne, par sa manière d'être et de faire, tout en façonnant les protagonistes qu'il côtoie. Décrivons à présent cette fonction.

L'enfant participe à l'édification et à la transformation de sa famille

Quand nous disons « j'éduque mon enfant », nous découvrons vite que l'enfant nous éduque aussi, en tant que parents. Bien sûr nos exigences, nos capacités et nos joies dépendent de notre héritage personnel, de la qualité de notre couple et du réseau familial, ainsi que de nos conditions socio-économiques, mais elles dépendent également de la façon dont l'enfant nous accueille, nous stimule et nous modèle. Cela se produit imperceptiblement, par l'entremise de ses propres modes de réception et d'intégration sensoriels, par ses mécanismes défensifs et adaptatifs, par sa façon d'expérimenter, de solliciter, de séduire et de refuser. Il participe à l'éducation de tous ceux qui l'entourent, y compris ses parents. En fonction de son âge et de son sexe, il interpelle et capte à sa manière ce que son milieu lui offre.

Extraordinairement actif dans la construction de son identité, il a certes besoin de multiples rencontres pour construire son devenir, mais il en reste le principal acteur. Il sélectionne, transforme et module l'ensemble des stimuli qu'il reçoit et, par sa manière d'être et de faire, il provoque des réactions de la part de chacune des personnes qui vit avec lui. Les acquisitions progressives d'un petit enfant, tout au cours de son développement, sont très liées aux apports du système familial, mais elles constituent aussi des matériaux que ce même système utilise pour sa propre évolution. Au cours des pages suivantes, je vais tenter de décrire cette spirale interactive en axant mes réflexions sur la question suivante : « En quoi l'enfant est-il lui-même fondateur de sa famille ? »

Un petit être humain bâtit peu à peu son identité, prise ici dans le sens de « personnalité ». Pour y parvenir, il lui faut édifier une sorte de colonne vertébrale psychique qui lui permette de se reconnaître dans sa singularité tout en communiquant avec son entourage. Une colonne vertébrale est composée de vertèbres qui s'articulent les unes par rapport aux autres. Elle permet de se mouvoir, de se tenir debout et de résister aux pressions, tout en gardant la souplesse nécessaire pour affiner les mouvements. Si nous reprenons cette image pour préciser le concept d'identité, nous pouvons poser la question suivante : « Quelles structures l'enfant met-il en place pour situer sa propre réalité physique et psychique dans le milieu qui l'accompagne, le bouscule parfois et avec lequel il interagit ? »

L'enfant maîtrise un corps dont il prend progressivement conscience

Tout petit, l'enfant dispose de multiples moyens d'intégration sensorielle : il suce, cherche à voir, entend, ressent des stimulations tactiles, s'apaise quand il est bercé, repère les odeurs et remue ses membres. Toutes les vibrations de son corps provoquent à leur tour diverses réactions parentales, elles-mêmes sous-tendues par un flot d'images. Ce bébé, que nous tenons dans nos bras, éveille le désir d'en faire un être qui communique. Sans sa présence, sans sa manière d'être si particulière, il n'y aurait pas de dynamisme maternel ou paternel. Il est donc finalement le moteur de l'action tout en trouvant lui-même, par sa rencontre avec autrui, de nouvelles raisons de mobiliser ses capacités émergentes.

Parce qu'il veut exister et parce que ses partenaires humains le veulent existant, l'enfant prend conscience de la globalité de son corps, unifie ses impressions parcellaires et se perçoit distinct de son environnement. Ce petit corps se met bientôt à bouger, fixant de plus en plus sa tête, puis il cherche à se relever, parvient enfin à s'asseoir et se transforme, une fois debout, en petite pyramide chancelante ; puis il fait ses premiers pas et provoque chaque fois un émoi familial. Il amène son entourage à modifier ses positions dans son berceau, à le tenir différemment sous les aisselles afin qu'il puisse appuyer ses pieds sur le sol, à le coucher sur le plancher afin qu'il tente de se relever puis de ramper. Lorsqu'il fait ses premiers pas, maman se met d'un côté et papa de l'autre. On appelle bébé, on le félicite, on le stimule afin qu'il se dirige alternativement vers les deux protagonistes. Les frères et sœurs aînés se sentent obligés de lui amener le jouet qui se dérobait à sa préhension. On s'exclame, on rit, on s'inquiète devant ses nombreux essais moteurs. Elle prend un jouet, il tombe, ils éparpillent des cubes sur le tapis, et voilà autant d'occasions d'échanger, non seulement avec le tout-petit, mais entre partenaires adultes qui s'occupent de lui.

Quand, pour la première fois, l'enfant découvre son image dans le miroir, il suscite de la part de son entourage un surcroît de mimiques et une gestuelle particulière. C'est comme si chacun, percevant qu'il pouvait devenir une sorte de double, l'invitait à se reconnaître autant dans ce qu'il est que dans ce que l'autre voudrait qu'il soit.

Même les attitudes dites régressives suscitent des mouvements de réciprocité. Le frère ou la sœur un peu plus âgé se remet à sucer son pouce parce que le puîné le fait. Des pipis au lit qui avaient disparu deviennent autant de messages nostalgiques de l'enfance perdue. Les bruits de déjection et les odeurs sont des occasions de rires qui suscitent ensuite des réactions de dégoût. Par sa sensorialité directement exprimée, par sa motricité en émergence, par l'unification d'un corps dont les signaux deviennent de plus en plus faciles à décoder, par la jubilation d'apercevoir son image et par ses recherches naïves de ressentir intensément son univers charnel, l'enfant invite chaque membre de sa famille à reprendre avec lui un mode de communication sensoriel et préverbal dont le « vocabulaire » avait été oublié.

L'enfant prend possession d'un espace et impose un certain rythme de vie

D'abord couché au fond de son berceau, puis assis, ensuite posé sur le ventre ou sur le dos, enfin rampant pour se déplacer, l'enfant prend possession de son espace de vie. Il fait des progrès aux points de vue moteur, cognitif et relationnel. Avec sa menotte, il veut atteindre le mobile suspendu au-dessus de son berceau ; il cherche à reprendre le hochet qui a glissé de ses doigts. La chaise devient un objet à pousser ou à escalader. La page du livre découvert peut être déchirée, chiffonnée ou griffonnée. Les jouets du grand frère ou de la grande sœur sont des proies qu'il veut saisir et conserver. Il dispose donc d'un espace existentiel qu'il capte peu à peu pour en faire un lieu d'enracinement peuplé d'objets dont les couleurs, les formes, les odeurs, les textures laisseront des traces tantôt agréables, tantôt désagréables.

Dès que débute une telle exploration, toute la famille vivant sous le même toit voit son domaine remis en cause. Il faut donner, partager, céder, refuser, interdire, négocier. Gare aux crayons-feutres abandonnés qui risquent de laisser des marques indélébiles sur les murs, mais vive ces mêmes crayons-feutres qui permettent la première représentation graphique attendue. Gare à la marmite pleine de lessive renversée sur le tapis, mais vive cette même cuvette pleine de petits poissons en plastique et disposée dans un coin de la cour ou du jardin, puisqu'elle permet de patauger tout en inventant une histoire.

Avant de se coucher, l'enfant réclame certains jouets, comme un nounours en peluche ou une étoffe en coton. Ces objets occupent une grande place parce qu'ils permettent de supporter le passage entre la présence maternelle et la solitude du lit. Ils sont momentanément égarés, toute la famille se met à leur recherche, tire les meubles et soulève les tables ; puis l'un des membres de la famille trouve l'objet transitionnel et l'annonce fièrement, ramenant la trouvaille au petit qui peut désormais s'endormir. Il n'est donc plus possible de parler simplement de la salle à dîner, de la chambre des parents, de celle des aînés et du berceau du plus jeune. Il y a encore des espaces réservés à chacun, mais il se produit une sorte de transmutation spatiale par la seule présence d'un petit être humain dont les racines ont besoin d'une terreau qui couvre la maison entière.

Le temps connaît les mêmes chambardements. Quand la mère allaite son nourrisson, c'est lui qui fixe le rythme de la tétée et la maman a le sentiment de dépendre entièrement des cris de son petit. Même si, un peu plus tard, elle réussit à organiser le rythme des repas, des changements de couches et du maternage, elle sent tout le pouvoir de l'enfant sur son emploi du temps. Plus tard, les levers, les départs précipités pour la maternelle puis pour l'école, les retours et le suivi des travaux scolaires, les déplacements pour aller pratiquer tel ou tel sport, telle ou telle activité de loisir, tout cela ponctue les journées qu'il faudra presque chronométrer afin de faire coïncider le mieux possible les exigences du travail professionnel et les réalités de l'économie familiale. Le présent est ponctué de multiples tâches qui vont du bouton à recoudre au repas à préparer, du ménage à faire, de l'enfant à consoler, de l'histoire à raconter, des visites inopinées chez le docteur ou chez le dentiste.

Le temps maternel est terriblement décousu, le temps paternel est habituellement moins perturbé et le temps fraternel est inégalement réparti. Tant bien que mal, tous essaient de s'ajuster. Ils passent par des phases de regroupement avec des périodes de détente et des phases de discontinuité, où les fonctions de chacun suscitent, par l'inégalité des investissements, des sentiments complexes faits de reconnaissances, d'amertumes, de rivalités et de joies. Comme personne ne peut vivre dans l'incohérence temporelle, une rythmique s'installe autour de quelques points de repère: généralement les repas ou une émission de télé ou une sortie ritualisée de fin de semaine, afin qu'au-delà d'une apparente anarchie se tisse, par une série de séquences répétées et enchaînées, la trame de la vie familiale. À l'occasion, les grands-parents et certains amis permettent d'établir des ruptures dans cette trame, quand les enfants et les parents se séparent momentanément et expérimentent brièvement la vie d'un sous-groupe dans lequel les manières d'être et de faire désengagent des pesanteurs routinières.

En maîtrisant la causalité, l'enfant transforme l'équilibre du système familial

Au fur et à mesure qu'il progresse dans ses capacités motrices, intellectuelles et affectives, l'enfant arrive à interpréter le résultat de ses actions. Il n'est donc plus un sujet opérant par simples hasards ou tâtonnements. Il expérimente et coordonne suffisamment les choses entre elles pour devenir un véritable artisan de son développement. S'il parvient ainsi à établir des relations de cause à effet (faire rouler une balle puis la rattraper), il acquiert peu à peu des capacités représentatives suffisantes pour associer des conduites (contourner un lit pour aller chercher une balle qui a roulé), puis se met à combiner des actions afin d'atteindre des objectifs prévus à l'avance (associer plusieurs éléments de lego pour construire une petite maison).

À partir du moment où il découvre que ses intentions, sa volonté et ses invocations entraînent des changements dans un univers dont il devient partiellement le maître, objets et personnes lui apparaissent comme autant d'intermédiaires capables de favoriser ses réalisations ou de les entraver. On comprend alors les immenses efforts qu'il accomplit pour que l'entourage se mette à son service. Comme il n'y parvient pas toujours, il ponctue ses journées de colères, de pleurs et de caprices, puis il montre de la joie à partager et à se conformer. L'enfant ne progresse pas seulement en imitant ou en acceptant le cadre qu'on lui propose. Il a aussi besoin de tâtonner, d'affronter les autres, de modifier les structures, voire de transgresser certaines règles, afin de se construire sur un mode original. Cette maîtrise, acquise de peine et de misère, déclenche chez l'intéressé non seulement des remaniements, mais aussi des remous puis des réajustements qui s'étendent à l'ensemble du groupe familial.

L'enfant apprend à maîtriser son anxiété tout en faisant vivre des peurs et des inquiétudes à son entourage

Par les étapes qu'il franchit, l'enfant renvoie l'adulte aux relents de sa propre histoire, elle-même étroitement mêlée au tissu de ses multiples relations antérieures. On s'impatiente, s'angoisse ou se rassure en voyant, comme dans un miroir, l'enfant se débattre avec des problèmes scolaires, sentimentaux, fraternels ou parentaux semblables aux siens. Il est successivement un être réparateur, persécuteur et bourlingueur de ce que nous avons été, cru être, manqué d'être, sans qu'on puisse jamais éradiquer ces traces ancestrales dont il est le dépositaire et sans jamais trop savoir si nous nous inquiétons avec raison ou si nous projetons des craintes irrationnelles.

Nous devons l'accompagner dans ses phases de désarroi autant que dans ses phases de rage et d'opposition. Nous devons le rassurer quand il affronte des périodes de solitude ou d'éloignement, tout en dosant nos interventions. Nous devons le soutenir quand il explore sa liberté, tout en limitant les expérimentations trop hasardeuses. Nous devons nous poser des questions du genre : « Pourquoi ne m'obéit-il pas en ce moment ? Dois-je vivre cela comme une étape dans sa quête d'affirmation ou comme une marque inacceptable d'égocentrisme ? Comment puis-je l'aider à affronter les difficultés de l'existence sans devenir responsable de ses imprudences ? Pourquoi veut-il parfois être tant aimé et parfois tant laissé à lui-même ? Pourquoi n'accepte-t-il pas toujours que je le protège ? Pourquoi ne veut-il pas que je lui évite certaines peurs qui sont aussi les miennes ? »

Par ces interrogations inévitables et par les réponses apportées, l'enfant devient un lieu de joies, de craintes et d'attentes. Il nous amène à dominer notre propre angoisse tout en ayant à le soutenir face à la sienne.

L'enfant réintroduit ses parents dans un univers de jeux dont ils croyaient être sortis

« Papa, viens jouer à la cachette avec moi. » « Maman, déguise-moi en princesse. » « Grand frère, grande sœur, apprends-moi à dessiner. » « Papi, fais-moi peur, comme la dernière fois avec ta grosse voix. » « Mamie, raconte-moi une histoire ».

Toutes ces demandes paraissent anodines. En réalité, elles replongent les protagonistes adultes dans un univers magique et ludique qu'ils avaient peu à peu oublié. Du fait de la répétition quotidienne de ces sollicitations ludiques, le parent ne se rend pas bien compte de l'influence du jeu et des activités imaginaires ou symboliques sur le fonctionnement familial.

En dehors des périodes de devoirs à faire à la maison, le monde de l'enfant (du moins jusqu'à l'âge de onze ou douze ans) est perpétuellement occupé par le jeu, que l'enfant réalise tantôt seul, tantôt avec des camarades. Ces activités, considérées parfois avec condescendance par les adultes, sont déterminantes pour l'évolution des personnalités: elles favorisent la maîtrise de la motricité fine et globale ; elles permettent des expérimentations pratiques; elles mobilisent des processus intellectuels, comme l'analyse et la transmission d'une idée, ainsi que la construction d'un scénario et la mise en jeu simultanée de représentations temporelles et spatiales; elles font entrer l'enfant dans le monde de la rêverie puis, par des élaborations imaginaires, elles actualisent des fantaisies et des fantasmes qui rendent possible la satisfaction de désirs inassouvis; elles permettent à l'enfant de jouer des rôles dans lesquels il peut mettre en scène ses représentations parentales ou ses idéaux; elles affinent ses capacités de concentration, d'écoute, de réflexion et de synthèse; elles sont les médiatrices de la communication avec ses semblables et, par les jeux partagés, elles placent le sujet devant des succès, des échecs, des joies et des peines, tout en le forçant à négocier sa place; elles permettent à l'enfant de se faire des amis qui, parfois, resteront présents durant toute son existence.

Le parent est parfois invité à entrer dans cet univers privilégié de son enfant. Il doit le faire non comme un devoir ou une corvée, mais en découvrant que c'est là une occasion unique de partager, une circonstance où les rapports de force « grands-petits » n'ont plus de sens. Il est souvent sollicité pour être témoin des jeux et des exploits du petit. Par cette présence discrète mais attentive, il autorise son enfant à se constituer un espace intermédiaire dans lequel peut surgir un lieu de création placé ni trop près ni trop loin des personnes aimées. L'adulte est souvent placé en dehors des jeux, mais l'enfant sent qu'il accepte cet éloignement, qu'il ne cherche pas à s'inclure à tout prix dans son petit monde, tout en restant prêt à le soutenir si des conflits ou des peurs surgissent.

Bien sûr, tous ces jeux, toutes ces constructions de cabanes, avec du carton ou des bouts de bois, toutes ces allées et venues mystérieuses font du bruit et parfois des dégâts. Ces activités peuplent la maison de cris suivis de silences qui deviennent tantôt des bourrasques, tantôt des présences feutrées. Elles entraînent l'ensemble des protagonistes du groupe familial dans une fantasmagorie où les héros, les méchants, les fées, les princesses, les rois et les reines côtoient brusquement les images de maman, papa, mamie ou papi tissant une aventure dont les héros reviennent dans des conversations à bâtons rompus, lors des repas et à l'heure du coucher. Par ces jeux, la famille s'imprègne à son insu de représentations intérieures individuelles et collectives qui permettent de dire : « Nous sommes tous embarqués à bord d'un bateau qui nous emporte dans la direction "aventure". » Tous ces jeux apportent au groupe des éléments de poésie et de fantaisie.

L'enfant affronte des réalités scolaires qui mobilisent les connaissances parentales tout en étant instigatrices d'attentes et de tensions

Si les jeux et les camarades occupent une grande place dans la vie de l'enfant, l'école devient rapidement un lieu qui mobilise une énergie considérable. Les premiers départs vers la maternelle, puis vers l'école signent pour le parent une perte progressive de son pouvoir tout en lui conférant un surcroît de responsabilités. L'école devient un autre espace de vie dans lequel les modes de relation, les types d'apprentissage et les rôles escomptés sont à la fois profondément différents de ceux rencontrés dans la famille et étroitement dépendants des acquis antérieurs. Le parent le sent bien. D'ailleurs, chaque succès est source de fierté et chaque échec, source d'inquiétude pour l'adulte. De nombreux facteurs s'interpénètrent pour rendre facile ou difficile l'intégration scolaire. Certains sont manifestement liés au climat familial, aux richesses socio-culturelles transmises durant les premières années, à l'intérêt témoigné par la mère et le père vis-à-vis des tâches scolaires. D'autres facteurs dépendent de traits personnels, comme les modes d'intégration préférés de l'enfant, ses motivations, sa capacité de concentration, sa maturité et, qu'on le veuille ou non, la qualité intrinsèque de ses aptitudes cognitives. D'autres facteurs sont liés à la valeur pédagogique des enseignants et à l'atmosphère du groupe scolaire.

Quoi qu'il en soit, l'école occasionne souvent un branle-bas de combat, que ce soit pour la gestion du temps familial, les déplacements ou le soutien émotif et académique dont l'enfant a besoin. Qui pourrait nier que l'arrivée de l'enfant après l'école déclenche une mobilisation des énergies ? Il faut préparer le goûter, écouter raconter tel déboire ou tel jeu, régler un petit conflit, décider si l'enfant va regarder la télévision, aller jouer dehors ou commencer ses devoirs, l'aider à réaliser ceux-ci et lui faire réciter ses leçons. Il faut s'adapter aux volte-face de l'enfant qui accepte parfois de collaborer et qui s'y oppose à d'autres moments.

Si les deux parents travaillent, qui va s'occuper de ces tâches ? S'ils sont tous les deux à la maison, s'entendent-ils sur la répartition des tâches ? Si le père revient plus tard, est-il conscient du temps que son épouse a pris pour effectuer tout cela ? Même dans les couples les plus unis, les sources potentielles de conflits ne portent pas sur les grands concepts éducatifs; elles sont suscitées par « l'anodin du quotidien » : l'enfant n'a pas voulu terminer son travail; elle n'a pas pris son bain; il ne s'est pas lavé les dents; elle ne descend pas à l'heure pour manger; il ne range pas sa chambre; elle ramène un mauvais bulletin scolaire; il veut toujours jouer un peu avant d'aller se coucher.

Ces petits événements, si minimes soient-ils, modèlent peu à peu les manières d'être et de faire du père et de la mère, ils entraînent des changements dans les relations entre frères et sœurs, ils poussent un grand-parent à prendre une place déterminante auprès d'un petit-fils ou d'une petite-fille. Ces petits événements deviennent des liants, des chaînes et des grincements qui jouent une fonction déterminante dans le jeu relationnel familial.

L'enfant interpelle la famille sur sa manière d'assumer ses valeurs

Il ne sert à rien de nommer les valeurs auxquelles on désire adhérer. Il faut les appliquer dans le déroulement de la vie quotidienne, c'est-à-dire en témoigner. Une telle affirmation est plus facile à énoncer qu'à appliquer en pratique. C'est d'abord en regardant vivre ses parents ensemble que l'enfant apprend ou n'apprend pas ce que sont le respect de l'autre, l'écoute réciproque, le partage, la réconciliation après un conflit, la reconnaissance mutuelle des torts, la manière de vivre la sexualité et d'éprouver l'agressivité. C'est en côtoyant des personnes significatives qu'il élabore et remanie lentement une sorte d'idéal intérieur.

Sur ce plan, il faut distinguer deux sortes de représentations tout aussi importantes l'une que l'autre. La première représentation consiste à construire progressivement ce que le jeune voudrait être idéalement, en tant que sujet inscrit dans une collectivité. La deuxième consiste à évaluer concrètement sa manière d'être, au fil des jours. On appelle généralement la première l'« idéal du Moi » et cet idéal possède une sorte de pouvoir d'attraction qui inspire le choix des comportements vis-à-vis de soi-même et vis-à-vis des autres. On appelle la deuxième l'« image idéale de soi » et cette image se réfère à l'estime que l'enfant peut éprouver face à une situation précise : une réussite ou un échec scolaire, une transgression ou une adhésion aux règlements d'un jeu ou à des exigences parentales. Les deux représentations s'interpénètrent, mais ne sont pas toujours concordantes. Ainsi, un jeune peut avoir honte d'un comportement qu'il a eu à l'école et ne pas du tout remettre en cause sa vision idéalisée de ce qu'il voudrait être.

Le parent a les mêmes représentations intérieures, tout en projetant sur son enfant des attentes morales et sociales tantôt en correspondance avec ses propres conceptions, tantôt en décalage avec elles. Prenons quelques exemples qui n'ont rien d'exceptionnel, mais qui sont parfois un peu gênants à regarder. Ainsi, tel homme n'est pas toujours très honnête dans ses affaires professionnelles mais exige de son fils ou de sa fille qu'il ou elle suive les règles avec une parfaite honnêteté à l'école et en famille. Telle femme n'adhère à aucune religion, mais s'attend à ce que ses enfants suivent assidûment une pratique religieuse. Tel couple est infidèle, mais prône les vertus de la fidélité. Tel adulte annonce fièrement qu'il faut savoir rouler le fisc, mais sanctionne sévèrement les manquements aux règles des microsociétés dans lesquelles sont intégrés ses enfants.

Ils sont inévitables ces écarts entre ce que nous sommes et ce que nous voudrions voir chez nos enfants. Ce hiatus entre nos modèles idéalisés, enfouis en nous ou désirés chez l'autre, et leurs applications donne à chacun un espace de liberté sans lequel la tyrannie des droits et des devoirs risquerait de l'emporter. Il n'en demeure pas moins vrai que l'enfant, à la fois reflet de nos idéaux et miroir de nos lacunes, interpelle durement ceux qui ont pour mission de l'éduquer. Si le parent veut se montrer un modèle idéalisé, incapable de transgression, il est soit un menteur soit une figure écrasante à laquelle il est difficile de s'identifier. S'il est, comme la moyenne des gens, un sujet de bonne volonté qui transgresse parfois les règles tout en cherchant à suivre un certain idéal, il devient accessible et peut, y compris dans la reconnaissance de ses faux pas, faire en sorte que l'enfant prenne chez lui et chez d'autres les éléments fondateurs de son idéal du moi et de son image idéalisée de soi. S'il est un tricheur impénitent, il retrouvera douloureusement une partie de ses tricheries dans la façon d'être, de penser et d'agir de sa progéniture. Telles sont les lois implacables de la transmission intergénérationnelle. Elles sont difficiles à accepter car, là encore, les conséquences de leurs applications ou de leurs transgressions nous révèlent à quel point l'éducation n'est pas un mouvement à sens unique. Elle est une spirale dont les courbes successives sont inclinées, refermées puis rouvertes par l'ensemble des protagonistes, en particulier par l'enfant qui pose l'inexorable question : « Qu'as-tu fait de moi ? » et qui formule une réponse : « Voilà ce que j'ai fait à partir de toi. »

Selon son état physique et psychique, l'enfant influence fortement le fonctionnement familial

Tous les parents passent par des phases d'inquiétude, selon l'état de santé de leurs enfants. Quand ceux-ci sont petits, des fièvres inexpliquées surgissent, ainsi que des troubles digestifs, des rages de dents, des éruptions cutanées. Le nez coule et, comme l'enfant ne sait pas se moucher, il déglutit et aspire une partie des sérosités, déclenchant ainsi de fréquentes infections bronchiques. De petits accidents ponctuent le déroulement de sa vie, des chutes entraînent des écorchures et des douleurs musculaires, des plaintes somatiques sont formulées sans qu'il soit toujours possible de faire la distinction entre un réel malaise corporel et un appel anxieux servant à demander un surcroît d'attention. Bien des nuits sont interrompues par des cauchemars et des cris, et la période d'endormissement peut être jalonnée de moments d'angoisse qu'il faut savoir apaiser.

Chez tout enfant sain il y a une fragilité réelle. Quand les émotions deviennent trop fortes, le corps s'exprime. Par ses inconforts, il parle un langage qui dit le désir d'être cajolé et contenu. Ajoutons à cela les visites chez le médecin pour les vaccinations et les examens de routine, les contrôles dentaires ou telle évaluation paramédicale, et on comprendra que la santé de l'enfant constitue un sujet de préoccupations. Elle mobilise le dynamisme du couple, le divise parfois à cause des perceptions différentes et déclenche des phénomènes d'imitation entre les membres de la fratrie.

La question de la santé pèse beaucoup plus lourd lorsque l'état physique ou psychique d'un enfant est réellement inquiétant. Avoir un enfant asthmatique, diabétique ou épileptique suscite non seulement des inquiétudes, mais aussi des mécanismes d'ajustement entre les protagonistes du groupe familial, par exemple l'un voulant protéger et l'autre ayant une réaction inverse. L'entourage exprime parfois des conseils divergents et distille subtilement des jugements de valeur. Une déficience mentale, un handicap physique majeur, un autisme peuvent être autant de diagnostics redoutables donnés pour l'un des enfants. Les réponses parentales à de telles annonces sont imprévisibles. Certains parents nient, cherchent à minimiser, multiplient les évaluations afin d'entendre d'autres mots sortir de la bouche des praticiens. D'autres parents entrent en conflit avec leur conjoint et avec eux-mêmes. D'autres encore arrivent à faire front et gardent espoir, tout en admettant les limites des améliorations.

Ces modes d'ajustement peuvent tous se chevaucher, selon le réseau d'accueil, y compris les soutiens médicaux, sociaux et éducatifs proposés. Les problèmes soulevés par un handicap ou par des troubles de comportement sont d'une telle complexité et d'une telle intensité qu'il est impossible de les aborder réellement ici, dans ce livre où je cherche à décrire surtout la trajectoire d'une famille faisant face aux difficultés « ordinaires » de l'existence. Je voulais tout de même les citer, car les psychiatres et les psychologues cliniciens minimisent trop souvent l'ampleur des souffrances auxquelles sont confrontés les parents dans de telles circonstances. Ils ont aussi trop tendance à chercher les étiologies ou l'aggravation de ces états dans les processus inconscients des mères et des pères ou dans les dysfonctionnements familiaux. Bien sûr, il existe certains troubles de conduite qui sont directement générés par les aléas du système familial et il faut oser les nommer. Bien sûr la responsabilité d'un parent demeure très lourde dans l'accompagnement de tout enfant, mais il faut aussi savoir renverser les données du problème. Bien des états psychiques prennent leurs sources premières dans les déficits initiaux de l'équipement infantile. D'autres ont leurs racines dans les insuffisances de l'environnement. D'autres résultent d'une spirale où l'inné et l'acquis s'interpénètrent dans une alchimie mal connue.

Sans idées préconçues, sans théorisation dogmatique et sans jugements de valeur inutiles ou injustes, il faut oser se dire que si l'épanouissement de l'enfant dépend essentiellement de son creuset familial, la construction de son identité est liée à de multiples facteurs. Le corps, avec ses gènes, son cerveau et ses organes vitaux, joue un rôle déterminant dans cette construction, et il serait absurde et néfaste de négliger cette réalité au nom d'une vision éthérée d'un être humain dont l'organisation psychique serait privée de chair.

Selon son âge, l'enfant accentue l'une ou l'autre des influences que nous venons d'esquisser

Généralement, l'enfant procure des satisfactions à chacune des étapes de la vie et il soulève également des difficultés à chaque âge. Si l'on met de côté les toutes premières années, quand l'investissement sur le petit est considérable parce que son existence même dépend étroitement des apports de son entourage, on peut mettre en évidence trois périodes de l'enfance. Ces périodes mettent le jeune et ses parents face à des défis singuliers qui entraînent, pour l'ensemble de la famille, des joies, des peines et des inquiétudes.

La période qui s'étend de 30 mois à 5 ans est à la fois fascinante et déconcertante. À cet âge, l'enfant dispose d'une bonne motricité volontaire, voit émerger en lui des capacités de communication verbale et gestuelle de plus en plus affinées, se met à élaborer des jeux de « faire-semblant », puis des jeux imaginaires, prend un immense plaisir à explorer son environnement et commence à vouloir affirmer son autonomie. Émerveillés, les parents assistent à cette émergence de la vie psychique où se mêlent exubérance, demandes d'aide puis opposition, essais créatifs, éclats de rires et colères. Il y aussi des plongées dans un monde féerique joué, dessiné, parlé et mis en scène, tantôt seul, tantôt avec un membre de la fratrie, tantôt avec un partenaire adulte. L'enfant commence à occuper tout l'espace disponible, choisit l'un des parents pour accomplir telle ou telle activité, puis se détourne de lui en exigeant l'attention de l'autre.

Papa est tantôt le compagnon de jeu, tantôt l'étranger, tantôt le rival. Maman reste la consolatrice, mais devient aussi celle qu'on repousse et qu'on réclame alternativement. L'enfant veut découvrir, fouiller, toucher, démonter, éparpiller. Il veut courir, crier, grimper et culbuter puis, sans grande transition, il veut être cajolé, bercé et rassuré. L'acquisition, puis la maîtrise de la propreté, deviennent sujets de fierté, de honte, de domination, de soumission ou d'opposition. Le désir d'être grand se transforme brusquement en plaisir d'être petit, avec les retours inopinés des pipis au lit, des cacas dans la culotte, des repas refusés, des plaintes aussi brèves que violentes autour des bobos. Il faut d'urgence téléphoner à mamie ou papi puis, le téléphone décroché, l'enfant refuse de leur parler tout en souhaitant aller coucher chez eux le soir même. Le petit frère veut jouer avec sa grande sœur, tout en s'emparant de ses affaires personnelles, au grand désespoir de l'aînée. Cet âge, on l'a surnommé l'âge acrobate, cosmonaute ou déménageur, pour en traduire les côtés amusants, anarchiques et épuisants.

En général à cet âge, les conduites de l'enfant suscitent des préoccupations familiales, et à plusieurs titres. On sent la nécessité de moduler et d'organiser l'espace de vie. Le petit a grand besoin qu'on lui laisse l'initiative mais, simultanément, il faut structurer son espace, poser des limites sans se lancer dans de grandes explications, favoriser ses jeux tantôt solitaires, tantôt avec les parents. Il faut accepter de lui fournir des points de repère, au moment du coucher par exemple, en lui racontant une histoire ou en jouant avec son nounours. Il s'agit en fait de lui fournir les moyens d'affronter son anxiété et de ne pas se laisser submerger par elle. Les colères sont normales, mais l'enfant a besoin d'être contenu et soutenu, et parfois arrêté avant que la tension n'explose, ce qui peut le libérer mais aussi l'inquiéter quand la crise est trop forte. Il cherche inévitablement à établir des relations privilégiées tantôt avec la mère, tantôt avec le père, puis il entre dans des phases de rivalité avec l'un et l'autre alternativement, ces phases étant plus faciles à accompagner quand le couple ne se retrouve pas divisé par cette recherche d'exclusivité. Ses oppositions ne sont pas des caprices gratuits. Il essaie maladroitement de trouver sa place au milieu des multiples images identificatoires qu'il côtoie, des multiples interrogations que la découverte de son environnement l'amène à soulever, du réseau dans lequel il se situe déjà – bien qu'il soit si petit –, ainsi que des peurs et des fascinations qu'éveille l'émergence de son identité.

De façon classique, on dit qu'après cette période tumultueuse, l'enfant entre dans une **phase « de latence », vers 6 ou 7 ans**. On affirme ainsi qu'à partir de ce moment, l'enfant tend à orienter son dynamisme vers des tâches intellectuelles et vers le monde du jeu avec ses semblables, en refrénant davantage son monde pulsionnel, ce qui le consoliderait avant d'amorcer son adolescence. Il y a du vrai et du faux dans cette assertion.

Dans nos milieux occidentaux, les modes d'éducation ont beaucoup évolué, tant au sein des familles qu'à l'école. Il n'y a plus aujourd'hui, ou rarement, cette rigidité, ce puritanisme et l'imposition des valeurs strictes qui, pour les générations précédentes, et par un cortège d'interdits et d'habitudes, créaient une sorte d'accalmie… d'ailleurs un peu trompeuse. L'enfant a beaucoup plus de liberté, et il est beaucoup plus baigné dans l'univers pulsionnel des adultes. L'un des grands apports de ces dernières décennies est d'avoir su reconnaître les droits de l'enfant et de respecter davantage l'émergence de sa personnalité. Par conséquent, à l'heure actuelle on connaît moins cette « latence ». L'identité infantile n'est plus la conséquence d'une série d'imitations, d'empreintes et de marquages qu'il faut ensuite remettre en cause, au cours de la puberté, pour passer d'une identité imitatrice à une identité personnelle. De nos jours, les choses se font plus progressivement et aussi plus longuement. Nous en reparlerons.

C'est d'ailleurs l'occasion de mettre le lecteur en garde : il ne s'agit pas de voir ces étapes comme des séquences chronologiques. L'enfant est engagé dans un long processus de transformation de ses rapports avec le monde qui l'entoure et, par les mécanismes mis en jeu, il modifie lui-même les réponses de son environnement. Dans la majorité des cas, les enfants qui ont entre 7 et 11 ans ont une spontanéité, une candeur et une joie de vivre qui rendent cet âge bien sympathique. Ils sont cependant loin du tableau classiquement brossé d'un refoulement pulsionnel. Ils s'affirment fréquemment face aux propositions de l'adulte, ils s'y opposent et les remettent en cause, et la maîtrise du langage leur permet d'exprimer beaucoup plus clairement leurs insatisfactions et leurs interrogations. Ils essaient de multiples façons de devenir autonomes, en même temps qu'ils manifestent d'intenses mouvements d'affection et de dépendance. On retrouve très souvent des thèmes agressifs dans leurs jeux, qu'ils jouent seuls ou avec des camarades. Ils se préoccupent fréquemment de la sexualité et font de nombreuses plaisanteries ; ils pratiquent de petites exhibitions mutuelles, posent des questions non seulement autour des origines et des rapports sexuels, mais sur des sujets comme la contraception, le sida, les agressions, l'homosexualité, etc.

Ces interrogations, qui dépassent en partie leurs capacités d'intégration, résultent de la beaucoup plus grande liberté d'expression des adultes sur ces sujets, ainsi que du rôle des moyens audiovisuels. Il est important de répondre aux questions des jeunes, à leur rythme et sans tomber dans des explications qui dépassent leur entendement, mais sans reculer non plus devant la pertinence des points soulevés et sans oublier que les parents doivent absolument sauvegarder une zone d'intimité, pour eux et pour l'enfant. Ainsi, il faut respecter la pudeur naissante des enfants, leurs jeux masturbatoires et les conversations « osées » qu'ils ont avec les gens de leur âge.

Une fois posées ces réserves sur l'existence d'une véritable latence de la vie pulsionnelle et des modes opposants relationnels, il est possible d'aborder trois domaines privilégiés qui jouent un rôle essentiel dans la distanciation progressive de l'enfant vis-à-vis de ses parents. Je veux parler de l'école, des jeux imaginaires et des amis.

L'école devient un espace de vie presque aussi important que la famille. L'école comporte des forces à la fois positives et ambivalentes : on y acquiert des connaissances, on y découvre d'autres horizons, on peut y connaître un désarroi face à la nouveauté, on y craint l'affrontement avec d'autres enfants, dans un cadre où l'on ne sera plus l'élu. Pour le parent aussi, l'école est source d'espoirs et d'inquiétudes. Le petit qui entre en classe échappe aux rets familiaux, autant dans le domaine des apprentissages que dans celui des liens. Bien sûr, les choses ont déjà été préparées par la maternelle, mais l'ouverture au monde des symboles écrits révolutionnera les schèmes de pensée et amènera mère et père à transformer considérablement leurs modes d'accompagnement. Désormais, la « voix » scolaire résonnera sans cesse pour demander des comptes, souligner les réussites et les échecs et gratifier, mais aussi frustrer, interpeller le parent qui se demandera : « Mon enfant peut-il devenir un bon écolier ou une bonne écolière ? Quelle est ma part de responsabilités dans son cheminement où se chevauchent continuellement les composantes intellectuelles et émotives ? »

Les jeux forment le deuxième domaine privilégié par cet âge. Certains sujets préfèrent les jeux moteurs, ceux qui mettent en action la musculature, l'habileté et la compétition. D'autres orientent leurs intérêts vers des activités plus solitaires de type bricolage, ordinateur, dessins. Presque tous valorisent les jeux imaginaires. Nous en avons déjà parlé précédemment. Contentons-nous donc de montrer leurs fonctions comme moyens d'évacuer l'univers pulsionnel, que ce soit seul ou en compagnie d'**amis**, ce qui nous permettra d'aborder en même temps le troisième domaine, celui des copains et des copines.

Par les jeux imaginaires, ce qui comprend certains vidéos, les enfants de cet âge s'engagent dans des histoires de combats, peuplées de mystères et ponctuées de brouilles puis de réconciliations. Les enfants jouent aussi beaucoup à se faire peur, afin d'acquérir une maîtrise de l'angoisse. Dans les thèmes proposés collectivement, ils placent des colères, des rivalités, des craintes et des espoirs de domination, des quêtes d'affection et des ruptures amoureuses, des morts et des blessés. Ces rôles sont définis à l'avance, puis transformés au gré des associations. Les enfants bâtissent ainsi un monde qui est fermé aux adultes, mais ouvert à toutes les potentialités de l'existence. Lorsque le parent demande « qu'as-tu fait de ta journée ? », l'enfant lui répond simplement « nous avons joué », sans dévoiler l'intensité des échanges ayant façonné les heures qui viennent de s'écouler. Dans l'intimité de sa chambre, il reprend certains thèmes qu'il rejoue avec d'autres personnages ou qu'il évoque tout simplement dans ses rêveries.

L'adulte peut être effrayé en écoutant le discours ludique de l'enfant. C'est alors qu'il oublie un fait important : pour les grandes personnes, les monstres, fantômes et bandits sont des êtres persécuteurs dont il faut se protéger, mais pour l'enfant qui les évoque dans ses jeux, ces êtres sont beaucoup plus souvent rassurants à cause de leur puissance et de leur déchaînement. L'enfant peut mettre en eux le trop-plein de ses peurs et de ses préoccupations tout en les guidant et les modulant. Comme nous l'avons déjà dit précédemment, l'enfant apprend de cette manière à dominer son anxiété.

La période de latence est beaucoup moins calme qu'on ne se l'imagine. Derrière sa candeur et son charme, elle est en réalité très pudique et très secrète dans l'expression de ses contenus émotifs. Le fait que les adultes n'y comprennent pas grand-chose fait un peu l'affaire de l'enfant, qui peut ainsi forger son espace de liberté. Par contre, cela incite l'enfant à se retrouver souvent seul, car lorsque, par moments, il veut traduire à sa manière son monde intérieur, en dévoilant ou en racontant ses histoires et ses jeux, l'adulte tend à ne pas trop l'écouter et à ne pas prendre au sérieux ce qui, à ses yeux, tient des « gamineries ».

La **période de l'adolescence** est habituellement celle qui est la plus crainte des parents, tant à cause des difficultés soupçonnées que des réaménagements que cette phase provoque au sein de la famille. En fait, le terme de « crise » – qu'on utilise souvent pour caractériser l'adolescence – est erroné. Bien des jeunes ne vivent pas de crise à proprement parler. Par contre, ils n'échappent pas à l'affrontement. Ils ont de longues interrogations sur le sens de leur vie. Les transformations physiques, intellectuelles, émotives et sociales qu'ils connaissent les amènent à repenser leur rapport au monde qui les environne et aux valeurs qui sous-tendent leurs actions.

Il est impossible d'aborder le thème de l'adolescence et de ses répercussions sur la famille sans regarder les changements étonnants qui sont survenus au cours des dernières décennies. Résumons-les en quelques phrases. Sur le plan purement physiologique, la puberté – c'est-à-dire cette période où la maturation des gonades entraîne des modifications corporelles – se déclenche beaucoup plus tôt qu'autrefois. Il n'est plus du tout exceptionnel de voir apparaître les caractères sexuels secondaires aux environs de 9-10 ans chez la fille et de 11-12 ans chez le garçon. Ces transformations du corps amènent le jeune à remettre en cause plus précocement sa construction identitaire. Elles le mettent face aux interrogations suivantes : « Que suis-je à présent ? Que vais-je faire des nouvelles capacités qui surgissent en moi ? Comment vais-je me situer vis-à-vis de ma famille, de mon école, de mes loisirs, de mes amis ? Quel sens vais-je donner à ma vie ? »

De façon tout à fait paradoxale, alors que les paramètres biologiques et psychologiques surgissent beaucoup plus tôt, deux discours culturels antinomiques sont proposés à l'adolescent.

Le premier discours invite à une plus grande liberté : « Sur le plan sexuel, libère-toi des interdits qui servaient à contrôler ta vie pulsionnelle. Jouis de ton corps, si cette expérience se réalise dans l'intimité de ta chambre. Autorise-toi des expériences génitales, puisque la contraception te protège des conséquences ennuyeuses par rapport à une éventuelle fécondation et aux maladies transmises sexuellement. En ce qui concerne les valeurs que tu intégreras à ta vie, méfie-toi des schèmes rigides et univoques, peu importe que ces valeurs concernent la vie collective, tes angoisses existentielles, l'éthique ou la morale. Il y a de multiples manières de donner un sens à ta vie. Sur le plan des perspectives d'avenir, découvre que la famille nucléaire classique constitue une réponse parmi d'autres et que le travail peut être singulièrement aliénant. Secoue le joug des contraintes économiques et sociales et méfie-toi d'un engagement trop intense et surtout trop rapide. Sur le plan de ta maturité intellectuelle, profite au maximum des extraordinaires découvertes techniques qui décuplent le savoir, tout en sachant combien il demeure relatif. Ne laisse ni la société, ni les religions ni les groupes familiaux ou extra-familiaux altérer ou amputer ton développement personnel. Découvre tes droits et apprends à les affirmer.»

Ces messages peuvent sembler libérateurs et ils le sont en effet, par certains côtés. Ils remettent en cause une éducation puritaine et rigide qui a été imposée pendant plusieurs siècles sans donner vraiment aux jeunes la possibilité d'avoir un droit de regard sur leur vie. Cependant, quand on analyse le contenu de ces messages, on se rend vite compte qu'il s'agit beaucoup plus d'un ensemble de réactions protestataires que de propositions cohérentes débouchant sur une vision éthique de l'être humain. Bien des générations antérieures ont souffert du contact avec l'univers morbide de la faute. On excluait alors inconsciemment la sexualité et ses modes d'expression, phénomène qu'on appelle la «scotomisation». En imposant certaines contraintes, on cherchait davantage à obtenir une obéissance passive qu'une mobilisation des forces de chacun. On rappelait constamment les devoirs en oubliant que l'enfant ou l'adolescent avait aussi des droits. Les adultes qui ont connu cet univers clos se sont sentis à l'aise dans leurs mouvements revendicatifs. Les générations actuelles qui n'ont pas eu à se délivrer de ces soubassements surmoïques doivent trouver de nouvelles directions éthiques tout en côtoyant des adultes qui ont aussi à se remettre d'une quête libératrice fortement anarchique.

C'est là que nous en sommes. Et le premier discours n'est sans doute pas aussi apaisant et rassurant qu'il semble l'être. Ce message très adolescent dénonce ce qu'il ne faut pas être tout en ne proposant pas de modèle en tant que sujet intégré à une communauté humaine qui doit structurer sa manière d'être, de penser et d'agir. Récemment, un auteur allait jusqu'à écrire que s'il y eut une tyrannie de la faute, pesant lourdement sur les épaules de chacun, il surgit aujourd'hui une tyrannie du plaisir. Ce discours est tout aussi inconfortable que le précédent, car il ne répond pas à ce besoin de dépassement et d'engagement qui caractérise la jeunesse.

Le deuxième discours culturel peut être schématisé de la manière suivante: « Alors que tu es théoriquement libre plus tôt, tu devras allonger démesurément cette période qui s'étend de l'enfance à la prise de décision de ton existence. Tu dois obtenir un diplôme qui exige de longues années d'études. Tu dois accepter de vivre de 12 ans à 25 ans et parfois plus longtemps dans un no mans'land où tu pourras avoir une vie sexuelle, mais sans trop d'engagement, où tu pourras avoir plus facilement une vie de loisirs, mais sans qu'elle puisse s'intégrer à des objectifs précis, où tu pourras décupler tes possibilités d'enrichissement intellectuel, mais sans que tu sois sûr d'en tirer un avenir professionnel et sans que tu puisses être autre chose qu'un sujet en attente. N'entre pas trop vite dans les circuits sociaux, puisque tu as la chance inouïe de pouvoir profiter de ta liberté sans être prisonnier des exigences du monde adulte. »

Boris Cyrulnik résume bien la situation dans les lignes suivantes: « En Occident, notre culture est en train d'évoluer vers une société grumelée et à trois étages. Il y a, en France (mais c'est vrai dans bien d'autres pays), vingt millions de personnes âgées ayant autour d'eux des structures d'accueil qui fonctionnent encore. À l'autre extrême, il y a vingt millions d'enfants parfaitement étayés dans leurs petites années. Puis, il y a entre les deux un peuple adulte qui a la chance de travailler de plus en plus et un continent d'adolescents pleins de créativité et de vitalité inexploitées, autour desquels il y a encore très peu de structures socioculturelles organisées pour leur permettre de s'exprimer» (*L'Autre: revue transculturelle*, 2000, no 1, p. 98).

Ce peuple adulte, c'est-à-dire tous ces gens qui ont l'âge d'être parents, ne sait plus comment accueillir cette adolescence prolongée. Les adultes s'irritent de voir piétiner les jeunes. Ils s'étonnent de les voir accepter et souvent maintenir ces conditions de stagnation. Ils se réjouissent de les découvrir plus libres, mais s'inquiètent de les voir s'angoisser. Tout en courant le risque d'être trop schématique, j'ose avancer que sous le terme «adolescence» se cachent à l'heure actuelle trois périodes distinctes.

La première période coïncide avec les changements corporels. Elle entraîne les revendications classiques, dans le sens d'une plus grande autonomie et d'une plus grande liberté de penser, tout en créant des inquiétudes plus ou moins accentuées au sujet des comportements. Même s'il s'agit d'un âge parfois difficile, les parents y sont relativement à l'aise, car cette période ne leur est pas étrangère, tant en ce qui concerne les perceptions que les angoisses exprimées.

Une *deuxième période* suit les manifestations pubertaires et se termine habituellement avec les études secondaires. Elle est fondamentale et même fondatrice puisqu'elle constitue pour l'adolescent une lente interrogation sur ses nouveaux rapports avec le monde, qu'il s'agisse de sa famille, de ses camarades, de son école ou de ses loisirs. Cette période est libérée des tabous, plus qu'autrefois du moins. Elle n'est pas étouffée par un monde rigide, par des convictions religieuses sclérosées, par des règles à appliquer sans discussion. Je crois que, sur ce plan, il y a un net progrès, bien qu'il y ait beaucoup de flou dans les points de repère moraux. Cette période est malheureusement prolongée par une autre période fort mal définie : *la troisième période,* celle du jeune adulte non encore intégré aux courants sociaux des adultes plus âgés. Elle se justifie théoriquement par la nécessité d'allonger les apprentissages, mais du fait des réalités socio-économiques, elle devient trop souvent une situation bâtarde où, malgré une apparence de grande liberté, le jeune éprouve un sentiment de répression car il ne parvient pas à donner un sens à sa vie et à utiliser ses aptitudes. Il tend alors, de manière régressive, à se réfugier dans sa famille, alors que son désir profond serait de s'éloigner d'elle.

Troisième partie

DE LA FAMILLE NUCLÉAIRE CLASSIQUE AUX AUTRES FORMES DE CREUSETS FAMILIAUX

Malgré tout, la famille nucléaire classique – composée d'une mère, d'un père, d'enfants, de grands-parents et d'un réseau de proches et d'amis – demeure l'image idéale de nos sociétés. Elle a démontré ses immenses qualités d'accueil, de convivialité et d'accompagnement. Elle est le fondement de nombreuses conceptions socio-morales à travers les siècles et chez maints auteurs. Elle est le point de mire à partir duquel se sont bâties la plupart des conceptions théoriques sur le développement de l'enfant. Comme toute structure stable fondée sur un échange relationnel, elle demeure fragile, autant dans sa constitution que dans son évolution.

Elle suppose en effet qu'un homme et une femme, après s'être épris l'un de l'autre, gardent l'intention éthique du respect et de la fidélité mutuels, tout en trouvant dans la durée de leur union des satisfactions suffisantes pour désirer s'épauler, dialoguer et s'enrichir conjointement, et tout en formant un lieu d'enracinement, de filiation et d'appartenance pour des enfants. Ceux-ci s'inscrivent dans une trajectoire où leurs parents constituent les pôles inséparables de leurs modèles identificatoires, tout en recevant le droit d'orienter leurs quêtes de l'autre vers de nouvelles rencontres significatives.

Un tel projet éveille chez bien des adultes un immense espoir d'épanouissement et de réalisation. Toutes ces attentes idéalisées peuvent se heurter à des obstacles et provoquer des ruptures qui se font dans la négociation ou la passion. Elles créent un temps de souffrance pour tous les protagonistes, mais de cette situation douloureuse, certains tirent un nouveau regain de dynamisme qui permet à tous les membres du système familial de rebondir dans d'autres directions. Ces attentes peuvent aussi déterminer un événement dramatique où chacun est blessé au plus profond de son estime et devient contraint d'adopter des modes d'ajustement qui aggravent encore la douleur et la violence des premiers instants. Elles entraînent parfois des fuites de responsabilités de l'un ou de l'autre conjoint qui, altérant les images idéalisées bâties par les enfants, plongent ceux-ci dans le tourbillon des conflits de loyauté, sans qu'ils ne comprennent ni le sens profond de l'événement ni la place qu'ils peuvent redécouvrir dans l'univers kaléidoscopique des émotions.

D'emblée, le projet de famille nucléaire peut être remis en cause par la décision d'un adulte d'avoir seul un enfant. Ces familles dites monoparentales, voulues ou subies, débouchent sur d'autres creusets d'accueil dont le sens, la portée et l'évolution dépendent de multiples variables. Celles-ci peuvent autant percuter que soutenir les membres de ce groupe aux dimensions réduites, mais désireux d'inscrire chacun dans une histoire de vie.

Qu'il s'agisse de séparation ou de prise en charge isolée d'un enfant, de telles situations ne sont pas définitivement fixées. Chaque parent peut reconstituer une famille en trouvant chez un autre partenaire – qui avait peut-être lui-même connu une rupture antérieure – le désir de se retrouver amant, et père ou mère des enfants de l'autre conjoint, tout en restant parent originaire des enfants qu'il a pu avoir lors d'une union antérieure. Ces polysystèmes familiaux ne sont pas rares. Ils transforment la famille nucléaire antérieure en un réseau où plusieurs mères et pères, plusieurs grands-parents, de nombreux oncles, tantes, cousins, cousines d'abord inconnus obligent les fratries et les demi-fratries à établir des modes d'investissement différents, selon leur temps de vie dans l'un ou l'autre des creusets familiaux dont ils sont issus ou dont ils deviennent membres.

Enfin, il existe des structures familiales d'accueil unisexuées. Deux hommes ou deux femmes décident de vivre ensemble. Si ces personnes ont tenté antérieurement de bâtir une famille avec un membre de l'autre sexe, elles réintroduisent leur fille ou leur fils dans un contexte profondément différent. Si d'emblée elles ont décidé de vivre leurs relations sentimentales et sexuelles avec un partenaire identique à leur image, elles peuvent avoir la charge d'un petit être humain, soit par l'adoption légale (ce que permettent maintenant certains pays), soit par le jeu d'échanges moins rares qu'on ne le pense. Il ne sert à rien de faire comme si de telles structures n'existaient pas. Elles posent de nombreuses interrogations morales et des questions sérieuses sur la place de l'enfant dans une telle structure. De toute façon, elles forment un creuset de développement dont il faut avoir le courage d'interpeller le sens, sans sombrer dans des idées préconçues ou dans l'affrontement d'idéologies.

À la lumière de tout ce qui a été écrit précédemment, j'essaierai d'aider le lecteur à réfléchir sur les enjeux, les atouts et les dangers de ces bouleversements, qui sont d'ailleurs beaucoup moins nouveaux qu'on veut le dire mais davantage reconnus, nommés et assumés.

FAMILLE, À QUOI SERS-TU LORSQUE TU TE FISSURES ?

Il est impossible de faire en quelques pages une étude exhaustive des familles confrontées au divorce. Un creuset familial qui se fissure entraîne inévitablement son cortèges d'émotions, de querelles, de culpabilité, d'impuissance, de rigidités, d'agressions réciproques. Si la séparation parvient parfois à se produire dans un climat relativement serein de négociations, on sait aussi à quel point elle peut se dérouler dans une atmosphère de guérilla où chacun tente de cicatriser ses blessures narcissiques par des prises de positions judiciaires et par des alliances avec tel membre ou tel enfant qui transforment le lieu de filiation et d'appartenance originaire en un champ de batailles. Ce processus ne peut laisser que des vaincus et des blessés, même si un pseudo vainqueur clame une victoire apparente.

Une séparation parentale, quelles que soient les conditions de son déroulement, reste un choc traumatique pour tous les protagonistes et en premier lieu pour les enfants. Disons cependant que presque tous ces enfants apportent un même témoignage : la période de tensions, de non-dits, de rumeurs et d'explosions éventuelles est de beaucoup la plus pénible à vivre. Si le départ de l'un des parents ou si la vie qui oscille entre l'un et l'autre constitue presque toujours un événement difficile à assumer, la prise de décision « nous nous séparons » est généralement vécue comme une grande délivrance. Le discours le plus souvent entendu est à peu près celui-ci : « L'atmosphère devient à présent respirable. On sait au moins à quoi s'en tenir. Tout vaut mieux que ce climat de tensions antérieures. »

Ceci étant écrit, on peut relever un certain nombre de facteurs qui amenuisent ou renforcent les effets pénibles et parfois néfastes de la séparation. Je citerai les éléments suivants.

Facteurs amenant ou renforçant les effets de la séparation

L'âge où le divorce se produit

Tantôt la précocité de la séparation rend anodine le départ d'un conjoint parce qu'il n'était pas investi par le nourrisson, tantôt elle provoque une régression massive ou une phase critique de dépression parce que le parent qui se retire était l'objet quasi exclusif des premiers investissements. Dans le même ordre d'idées, le retrait d'un père au moment où le petit garçon ou la petite fille fixait sur lui ses premiers émois libidinaux aura évidemment une répercussion plus grave que si cet enfant avait déjà amorcé un net processus d'individuation lui permettant d'orienter ses choix émotifs vers des partenaires substitutifs.

Le climat antérieur au divorce

L'atmosphère familiale a pu devenir intolérable pendant les nombreuses années qui ont précédé la rupture. Alors, la séparation n'est pas une surprise; elle peut même correspondre à une attente. Par contre, l'éclatement du couple peut être la résultante d'une lente fissure où les conflits se sont déroulés sans trop de bruit et sans que les enfants ne se sentent vraiment impliqués dans la détresse conjugale. L'annonce du divorce est alors une bombe, mais elle entraîne moins d'interrogations pénibles pour l'enfant sur sa responsabilité éventuelle dans la démarche de rupture.

Les explications données à l'enfant au moment de la séparation

Si ces explications sont claires, cohérentes, convergentes et données si possible par les deux parents en même temps, le garçon ou la fille risque moins de se percevoir comme un agent actif de l'éclatement familial.

Le comportement des deux parents à l'égard de leur enfant au moment de la séparation

Non seulement la séparation est mieux acceptée quand l'enfant en comprend les motifs – même lorsque ceux-ci sont difficiles à entendre (par exemple une relation extra conjugale, y compris à caractère homosexuel) –, mais elle est également source d'une souffrance moins grande quand les enfants sentent qu'ils continuent à être des objets de désirs, suffisamment pour que les membres du couple parental fissuré restent en communication avec eux et leur assurent une cohésion dans les attitudes éducatives et dans les demandes réciproques. Cela implique des aménagements, depuis le rythme des visites ou des séjours chez l'un et chez l'autre, jusqu'à l'organisation des loisirs, des questions d'habillement, de scolarité, etc.

Les attitudes des grands-parents et des autres membres des familles originaires

En se faisant et en se défaisant, une famille implique toujours les sous-groupes familiaux que représentent les grands-parents paternels et maternels, les oncles, les tantes, les cousins, les cousines, voire les amis. L'enfant peut se trouver coupé de ses attaches antérieures. Il peut également sentir l'enjeu des tensions, des sous-entendus et des attentes indéfinissables qui alourdissent l'atmosphère. Cela est d'autant plus insupportable que l'enfant ne possède pas les moyens de se distancier des nœuds morbides que le système en souffrance a tissés à son insu. Inversement, il peut trouver un appui considérable, par exemple dans l'attitude apaisante d'un grand-parent qui reste le porte-parole des deux ex-conjoints ou qui accepte de recevoir et d'entendre une détresse, accompagnant ainsi celle-ci et la décontaminant plus ou moins.

La reconstitution de nouveaux liens par le remariage ou par l'union libre de l'un des conjoints

Un tel événement a parfois des effets apaisants sur les ex-époux qui, trouvant ainsi des satisfactions affectives, réparent une partie de leurs blessures. Il peut aussi constituer le point de départ de nouveaux conflits, que ce soit pour des raisons de rivalités ou pour des facteurs financiers. Il entraîne toujours des ajustements délicats pour l'enfant, pour la belle-mère ou pour le beau-père, et pour les nouvelles familles qui s'introduisent dans le système antérieur. Cela sera l'objet de réflexions concernant les familles reconstituées.

Le rôle de la fratrie

Le groupe des frères et sœurs peut faire bloc ou se diviser lors d'un divorce. L'un des membres prend fait et cause pour la mère, et l'autre pour le père. Une sœur ou un frère se trouve placé dans la situation gratifiante et inquiétante de jouer un rôle transitoire maternel ou paternel substitutif à l'égard d'un parent qui se déprime ou d'un membre plus jeune de la fratrie. Un clivage s'effectue entre ceux qui connaissent une partie de la vérité et ceux qui demeurent dans l'ignorance des causes du conflit conjugal.

Il faut tenir compte de l'interpénétration de toutes ces variables, qui évoluent d'ailleurs dans le temps, et aborder avec prudence les difficultés que peuvent vivre les « enfants du divorce ».

Les difficultés vécues par les « enfants du divorce »

L'affaiblissement de l'estime de soi

Moins un être humain est convaincu qu'il a été et qu'il demeure pour ses parents objet de désirs privilégiés, plus il lui est difficile de croire en sa valeur. Nous le constatons de façon évidente avec des enfants qui ont été abandonnés dès les premières années de leur vie.

Dans une moindre mesure, le divorce entraîne une blessure narcissique en fissurant l'espoir – d'ailleurs jamais assouvi – de se retrouver en permanence en harmonie globale avec son milieu familial. Certes une telle souffrance peut être atténuée par l'effort des deux conjoints pour démontrer que leur affection demeure intacte envers l'enfant; certes aussi les souvenirs des bons moments antérieurs à la séparation peuvent apaiser sa détresse, mais il n'en demeure pas moins que l'enfant, à ses propres yeux, n'a pas été suffisamment « désirable » pour inciter le couple à demeurer ensemble. Tout événement ultérieur (un conflit autour de la garde ou des reproches par rapport à un manque de soutien financier) ravive cette fragilité vis-à-vis de sa propre valeur. Si l'un des parents se désinvestit effectivement, fait des promesses puis se dédit, oriente son amour vers d'autres choix, l'estime de soi peut devenir cruellement lésée.

Le sentiment de culpabilité

Un vague sentiment de culpabilité est souvent présent. Il est en partie la conséquence de ce qui vient d'être dit précédemment. Si l'enfant ne se sent pas désiré, il s'éprouve mauvais, c'est-à-dire marqué négativement par le destin. D'autres facteurs jouent également un rôle dans la naissance de cette culpabilité. J'en citerai quatre que nous aborderons successivement.

1. Un divorce est presque toujours la conséquence d'un lent processus de dégradation dont l'enfant, même jeune, a eu confusément conscience. Des scènes ont éclaté. De lourds silences ont ponctué les repas. L'enfant a eu connaissance de pleurs maternels. Le père s'est absenté pendant quelques jours, sans donner d'explications, puis a décidé de faire chambre à part.

   Tous ces actes, d'autant plus insolites qu'ils n'ont pas été élucidés, déclenchent chez l'enfant des vagues d'émotions contradictoires: désir de protéger l'un des parents – colère à demi exprimée – rage impuissante. Le garçon ou la fille n'échappe pas à des bouffées d'agressivité, à des phases d'amertume, voire au désir que l'un des protagonistes s'en aille afin de se retrouver de manière privilégiée avec l'autre membre du couple. L'ambivalence caractéristique de ce qu'on appelle la situation œdipienne est donc réveillée, avec l'impression de faute qu'elle entraîne parallèlement.

2. L'enfant doit contrôler cette hostilité puisqu'elle risque de détruire les images identificatoires d'un père et d'une mère dont il a besoin pour se construire. Pour sauvegarder ces images, la seule solution qui reste consiste à retourner l'hostilité contre lui-même: « Ce n'est pas maman ou papa qui ont tort et moi qui suis la victime. J'endosse la fonction d'agresseur pour ne pas avoir à juger. »

3. Cette perception d'être non pas la victime mais celui qui a fait du mal risque d'autant plus de s'installer qu'elle repose un peu sur la réalité. Le climat d'anxiété et de tension a fait surgir des sentiments d'insatisfaction. Ceux-ci, pour s'écouler, se sont actualisés sous la forme de troubles divers du comportement qui ont ébranlé un couple déjà fragilisé. L'enfant a assisté à des disputes qui le concernaient. Il

a même pu prendre plaisir à des discussions dont il était l'objet puisqu'il devenait brièvement tout-puissant et puisqu'il pouvait tirer parfois certains avantages matériels de la discordance entre différentes attitudes éducatives. Ainsi, fantasmes et réalité se mêlent et conduisent beaucoup d'enfants à se poser silencieusement la question redoutable de leur part de responsabilité dans la séparation.

4. L'enfant est inévitablement écartelé entre ses deux parents. Même s'il y a garde partagée, et à plus forte raison s'il y a droit de garde uniquement confié à l'un des parents, l'enfant ne peut guère échapper à ce qu'on pourrait appeler une crise de fidélité. Comme il y a rupture entre le père et la mère, l'amour ressenti à l'égard de l'un suscite la crainte de trahir l'autre. Les partenaires refont leur vie, nichent sous un nouveau toit, se font de nouvelles relations et adoptent de nouvelles habitudes, et ces changements obligent l'enfant à se resituer dans un espace et dans un rythme différents, tout en découvrant de nouveaux objets potentiels d'amour.

« Suis-je mieux chez l'un ou chez l'autre ? Quand je suis en conflit avec l'un, je ne peux que désirer me réfugier chez l'autre. S'il y a une nouvelle union, comment puis-je aimer à la fois mère et belle-mère, père et beau-père, fratrie et demi-fratrie, sans me sentir écartelé dans ma filiation originaire ? Comment ne pas avoir envie d'utiliser les uns et les autres dans leurs inévitables contradictions d'exigences, afin d'en tirer le maximum de satisfactions immédiates ? Comment puis-je éviter le plaisir de raconter à l'un les petits potins de l'autre, tout en sachant que cette retransmission est à la fois refusée et attendue, interdite et suggérée ? Comment ne pas chercher à trancher tel ou tel conflit fraternel en trouvant des complicités tantôt dans un camp, tantôt dans l'autre ? Comment ne pas résonner aux sous-entendus de l'un des ex-conjoints par rapport à l'autre, sans se servir par la suite des armes redoutables qui me sont ainsi fournies ? »

Ce conflit de fidélité est lourd à porter et il devient écrasant lorsque l'un des parents, épuisé ou désemparé, propose à l'enfant de choisir entre le père et la mère, alors que la réponse à une telle demande est strictement impossible en ce qui concerne le ressenti.

L'idéalisation du parent absent

Un père ou une mère seul hérite de la difficile tâche d'endosser en même temps les fonctions « paternantes » et maternantes, en se sentant souvent inquiet par rapport aux jugements possibles de l'ex-épouse ou époux. C'est le parent le plus présent qui endosse les responsabilités les plus lourdes et c'est aussi lui qui risque de recevoir le plus d'hostilité. Une partie de celle-ci lui est destinée. Une autre partie concerne la situation globale de séparation. Une troisième partie est dirigée vers l'absent, mais se réalise dans l'ici-et-maintenant. Fait apparemment paradoxal, l'enfant tend à idéaliser davantage le parent qui n'est pas là, même si ce dernier faillit de manière évidente à ses responsabilités. Puisqu'il ne peut pas dialoguer, s'affronter et s'adapter à l'absent, il projette sur lui un ensemble d'espoirs qui transforment progressivement son image en celle d'un être d'autant plus paré de qualités qu'une zone de l'enfant sait qu'il en est dépourvu.

Pour le parent présent, ce fantasme d'une mère ou d'un père réparateur est cruel. L'autre peut d'ailleurs être tenté d'en jouer en étant particulièrement tolérant et gratifiant durant les courtes périodes où il reçoit son garçon ou sa fille. Comme il s'agit souvent des week-ends ou des périodes de congé, il n'affronte pas les soucis de la scolarité, les exigences de l'heure du coucher, etc. Devenant le « bon parent idéalisé », il répare sa propre image blessée, se convainc que les difficultés décrites au téléphone par son ex-conjoint ou conjointe ne sont que la traduction des maladresses qui ont justifié le divorce. Une cercle vicieux se trouve ainsi installé, cercle redoutable puisqu'il sape les interventions de celui qui partage le vécu quotidien, favorise les manipulations de l'enfant, exacerbe sa toute-puissance et alimente les perceptions négatives d'un garçon ou d'une fille qui, tout en profitant de la situation, sait au fond de lui qu'il n'agit pas correctement.

L'espoir d'une réunification du couple

Pour l'enfant, le couple reste toujours son lieu d'enracinement. Même s'il l'a à peine connu, ce lieu demeure un univers de nostalgie, un « paradis perdu ». Bien peu d'enfants échappent à la croyance secrète qu'ils peuvent reconstituer ce monde par leur toute-puissance magique. Il y a là un processus de deuil qui prend beaucoup de temps à réaliser et qui se déroule selon les mécanismes habituels de dépression, de protestation puis d'acceptation, avec tous les retours en arrière liés à la lecture plus ou moins déformée des menus événements de l'existence. Moins le deuil est amorcé, plus il est difficile d'accepter l'idée d'un remariage, et plus tout projet de ce genre déclenche des réactions de fusion puis d'agressivité d'autant plus complexes à saisir qu'elles sont contradictoires.

Bien souvent une partie de l'enfant souhaite le rétablissement de l'union antérieure alors qu'une autre la refuse, puisqu'elle signifierait la perte de certains avantages comme la constitution de liens très étroits, mais ambivalents, avec le parent restant. Une troisième partie aspire à la réédification d'un nouveau couple afin de rompre la solitude. Une quatrième s'y refuse en criant à la trahison. Tous ces sentiments se chevauchent et conduisent à la pénible impression de ne plus savoir comment se situer vis-à-vis de son identité familiale.

Les positions ambiguës envers les deux parents séparés

Même si les époux désirent maintenir leurs enfants hors de la zone conflictuelle dans laquelle ils se trouvent placés, ils ne peuvent guère échapper, dans leurs tâches éducatives, à des moments de tristesse, de colère et d'incertitude. Dans les périodes de tristesse, il est tentant de se confier à l'enfant, de s'appuyer sur lui, d'avoir momentanément à son égard un mode de relation plus conjugal que parental. Il devient aussi nécessaire de favoriser des explications qui dépassent les responsabilités habituellement endossées par un garçon ou une fille de cet âge. Tout n'est pas négatif dans cette implication prématurée de la vie de l'adulte, car le jeune est invité à réfléchir, à se distancier, à poser des actes altruistes et à assumer des prises de rôles lourdes mais aussi valorisantes. Il n'est donc pas rare de constater, chez les « enfants du divorce », une certaine maturité qui se traduit par des attitudes adultoïdes et par une capacité assez étonnante de s'interroger sur leur propre devenir.

En même temps, la situation entraîne des prises de position ambiguës. Un jour, l'enfant est le soutien du parent attristé, il l'écoute et le console. Un autre jour, il devient le bébé persécuteur qui, par ses exigences capricieuses, exprime son insatisfaction et récupère une énergie qui s'était trop vite écoulée. Tantôt petit adulte et tantôt petit enfant, il lui est malaisé d'avoir tout simplement son âge réel et de profiter pleinement de sa situation présente. Il lui faut aussi se situer, malgré de fréquents non-dits, vis-à-vis de l'existence de ses deux parents, tout en pressentant qu'il doit taire certains faits observés lorsqu'il est chez l'autre ex-conjoint. Parallèlement à ces demi-silences nécessaires, il reste un lien entre les deux époux. La question apparemment anodine : « Qu'as-tu fait aujourd'hui chez ta mère ou ton père ? » véhicule des attentes, des reliquats de déception et des craintes dont il n'est pas dupe.

La crainte de l'abandon

Même si on le rassure par rapport à la solidité des liens avec ses parents, l'enfant appréhende fort souvent la possibilité d'une nouvelle rupture dont il serait, cette fois, la victime directe. Puisque ce père et cette mère qui vivaient ensemble et qui l'élevaient ont rompu leurs attaches mutuelles, comment peut-il être absolument garanti qu'une autre brisure ne l'atteindra pas un jour ? La question est parfois directement posée à l'intéressé: « Pourquoi papa ne m'a-t-il pas appelé ? Pourquoi ne suit-il pas le rythme prévu des visites ? » Comme cette peur de l'abandon est insupportable, il faut trouver des raisons pour justifier l'absence. Les motifs les plus difficiles à entendre sont ceux qui projettent la responsabilité sur l'enfant: « C'est à cause de toi s'il ne vient pas. Il n'applique pas les conventions initiales et il s'occupe bien peu de toi... comme d'habitude d'ailleurs ! »

Les mêmes difficultés sont vécues par les parents séparés

Nous pourrions reprendre intégralement les précédentes réflexions en les appliquant aux parents séparés.

L'estime de soi a été lézardée par le divorce. Quelles que soient ses responsabilités réelles dans la rupture, chaque époux est, jusqu'à un certain point, imprégné du sentiment qu'il n'a pas su ou qu'il n'a pas pu rester pour l'autre un objet de désir. Même si la séparation a été provoquée par la rencontre avec une nouvelle personne, il est bien rare que tout investissement affectif ait disparu avec le conjoint refusé. Il reste toujours, chez celui qui a rompu, un reliquat de conflit de fidélité, tandis que l'autre vit la disparition comme un rejet de sa valeur, c'est-à-dire comme une négation de son identité.

Ce niveau de souffrance, rarement exprimé à l'ex-conjoint, entraîne des attitudes passionnelles, des négations, des fuites en avant ou des replis amers qui compliquent les éventualités d'échanges concernant les enfants. La blessure ressentie invite à rejeter toutes les fautes sur l'ex-époux ou épouse. Le conflit latent de fidélité et la nécessité de laisser l'autre jouer son rôle de parent amènent à formuler devant l'enfant des phrases partiellement ressenties et partiellement refusées : « C'est tout de même ton père… C'est tout de même ta mère… Il faut le ou la comprendre… Tu en as sûrement besoin… »

En même temps que cela est dit, la colère donne envie d'utiliser le garçon ou la fille comme un objet d'agression contre l'autre. Lorsque cette hostilité se joue par personnes interposées, la situation devient dramatique car le pouvoir de chacun est immense. Par exemple, une mère a peu d'argent, et le père fait un cadeau royal pour les fêtes de Noël. Ou une mère propose à l'enfant de choisir entre elle et son ex-époux, tout en lui faisant savoir qu'une décision la refusant aboutirait à la destruction de son existence. Ou encore, les deux époux se font une guerre sans merci sur les heures de départ et de retour, sur les orientations scolaires ou sur les périodes de loisirs. L'enfant, étant le produit de blessures non liquidées, devient alors le projectile qui aggrave les meurtrissures.

L'adulte éprouve des sentiments de culpabilité, à la fois par rapport aux enfants et par rapport à lui-même. Un conflit, même s'il est objectivement démarré par un seul des deux parents, devient rapidement l'occasion de règlements de compte réciproques. Certes il y a des « divorces à l'amiable », des séparations préparées, des ruptures à minimum de dégâts. Dans ces cas, le dialogue suffit à éviter les conséquences destructrices pour les enfants ainsi que les écorchures inutiles sur soi-même. À l'autre extrême, il y a les guerres meurtrières qui semblent sans fin. Le plus souvent, il y a ces situations intermédiaires où le fil de l'histoire familiale a brusquement échappé aux protagonistes. Ceux-ci, tout en gardant contact, se sentent alors en détresse, du moins de façon passagère, face aux conséquences possibles du divorce vis-à-vis d'eux-mêmes, de l'autre et, surtout, des enfants. Cette culpabilité inévitable doit être regardée d'autant plus lucidement qu'elle entraîne inévitablement une série d'attitudes éducatives discutables.

Parmi celles-ci, j'en citerai quelques-unes : — la crainte de poser un acte d'autorité nécessaire parce que celui-ci pourrait provoquer un jugement négatif de la part de l'enfant ou de l'autre conjoint — la tentation d'utiliser son enfant comme objet réparateur sans établir la distance habituelle entre deux générations — la peur d'exiger, parce que l'enfant pourrait alors échapper à l'adulte et se réfugier chez l'autre parent — la difficulté d'élucider les non-dits autour de la séparation, puisque cette élucidation obligerait à se revoir dans une situation de crise que toute une partie de soi veut oublier — la panique à l'idée que l'enfant pourrait dire un jour : « Tu n'es pas un bon parent », alors qu'il a déjà fallu entendre : « Tu n'es pas l'époux ou l'épouse que j'aurais souhaité rencontrer » — l'écartèlement ressenti entre le désir de s'éloigner et celui de maintenir les liens établis antérieurement avec les grands-parents, les oncles, les tantes, les cousins, les cousines de « l'autre côté », même si l'on sait qu'une partie de ces personnes porte des jugements de valeur sur soi — la crainte que le beau-père ou la belle-mère ait pour son enfant « une meilleure image », quand il y a eu reconstitution d'une famille par l'ex-conjoint — le sentiment écrasant de devoir assumer simultanément les tâches maternelles et paternelles, tout en sachant que l'autre époux se dérobe à ses tâches ou ne désire pas qu'on les assume à sa place.

Il y a donc un sentiment inévitable de solitude, tantôt allégé par les structures de soutien rencontrées autour de soi, tantôt alourdi par l'absence de telles structures et par le poids des réalités et des émotions qu'il n'est guère possible de faire partager aux enfants. C'est ainsi que survivent souvent des querelles autour des versements de pensions, querelles qui conduisent à la menace de devoir retourner devant les tribunaux. Cette décision n'est pas simple puisqu'elle peut entraîner la convocation des enfants les plus âgés, l'interrogation douloureuse sur certains faux pas éducatifs, le réveil de questions qu'on voudrait bien ne plus avoir à se poser.

Il existe des situations difficiles à expliquer et à métaboliser. Voici certaines d'entre elles :

- Une question peut surgir concrètement, à savoir s'il est bon ou nuisible de refaire sa vie avec une autre personne. Jusqu'à quel point l'enfant doit-il savoir qu'un homme ou une femme réapparaît dans son existence ? Doit-on accueillir cette personne à la maison ou entrer dans un réseau de dissimulations qui rend mal à l'aise ? Doit-on retrouver un « ailleurs » à l'insu du fils ou de la fille, qui ne sont pourtant pas sans pressentir des changements d'humeur paternels ou maternels significatifs ?
- Quel que soit l'état réel de tensions, il faut continuer à se parler et à opérer des ajustements par rapport à de menus détails de la vie. Comment, par exemple, venir chercher l'enfant chez l'autre conjoint sans que la rencontre, même rapide, ne suscite trop de malaise ?
- Tout parent souhaite que son ex-conjoint ou conjointe reste un bon père ou une bonne mère pour son enfant. Ce même parent se trouve pourtant confronté à deux désirs parfaitement contradictoires : si le conjoint est en effet un bon père ou une bonne mère, pourquoi n'a-t-il

pas pu être un «bon» conjoint ? Et où se logent les responsabilités réciproques dans le malentendu ? Si ce conjoint s'y prend mal, alors une certaine réassurance surgit par rapport à sa propre image, tout en faisant jaillir une question redoutable : de quel droit va-t-on laisser les choses se dérouler ainsi ? Peut-on accepter que son enfant reçoive une éducation opposée à celle qu'on voudrait lui donner ? Si la réponse est négative, comment peut-on intervenir sur le plan pratique et comment ne pas ressentir un amalgame de colère, d'impuissance et de fatalisme ? Comment parler et rectifier le tir sans être trop maladroit dans ses réponses et sans risquer d'augmenter inutilement les tensions ? Face au conjoint qui forme un nouveau couple, y compris dans ses valeurs et dans sa vision de l'avenir, comment peut-on à la fois respecter cette nouvelle structure familiale (qui intègre des partenaires à peu près inconnus, mais devenant progressivement significatifs pour ses enfants) et garder sa place, y compris dans l'identité socio-familiale qui est la sienne ? En inversant ce phénomène, comment peut-on conserver un sentiment privilégié pour celui ou celle qui s'éloigne en tant qu'objet affectif significatif, non pas dans son cœur mais dans celui de ses enfants ?

L'analyse de la situation que je viens d'évoquer signifie que l'enfant vivant un divorce se trouve dans une position psychologique délicate. Il ne faut ni la dramatiser à l'excès, ni trop la simplifier. Entre des parents qui veulent rester à tout prix ensemble dans une ambiance délétère et des conjoints qui décident de se séparer parce qu'ils sont mutuellement déçus dans leurs attentes, la deuxième solution est probablement moins destructrice que la première. Je connais beaucoup de jeunes qui ont subi une séparation et qui ont pu opérer un développement psychoaffectif de grande qualité. Nous pouvons cependant considérer que l'enfant du divorce est un enfant à risques. Cela veut dire qu'il faut être attentif à son évolution et ne pas hésiter à l'aider si des manifestations symptomatiques apparaissent. Ces dernières n'ont pas de caractéristiques particulières puisqu'elles peuvent aussi bien s'exprimer sur le mode dépressif que sur un mode agressif ou de retrait.

À la lumière de mes expériences cliniques, il me semble possible d'affirmer qu'une rupture aura moins de conséquences négatives si l'on suit quelques règles de bon sens. Je me permets de les énumérer :

- L'enfant doit connaître le plus clairement possible les raisons qui ont motivé la séparation, même quand elles semblent délicates à révéler. S'affronter à une réalité difficile mais connue est moins pathogène que de faire face à l'inconnu, puis de se donner de fausses réponses anxiogènes.
- L'enfant doit se sentir délivré du poids d'une éventuelle responsabilité dans la genèse de la rupture parentale. La dislocation familiale est l'affaire de deux adultes qui, pour des facteurs indépendants du jeune, ont pris la décision de ne plus vivre ensemble. Il est possible que les réactions de détresse de l'enfant aient accéléré le processus de brisure et il ne sert à rien de le nier. Mais ces phénomènes ont été secondaires à l'angoisse éveillée par les tensions familiales ou par des handicaps dont l'enfant n'était pas responsable. Ce ne sont pas ces phénomènes qui ont provoqué l'événement et l'enfant doit l'entendre dire.
- Même si l'enfant a besoin de connaître ainsi la vérité, il faut éviter de l'envahir avec des confidences inutiles et

surtout avec des « secrets » qu'il doit garder vis-à-vis de l'autre parent. Il ne peut pas faire les frais d'être l'objet réparateur d'un narcissisme parental blessé. C'est un enfant comme les autres et la dépression d'un conjoint, ses rancœurs et ses attentes amoureuses déçues ne sont pas de son ressort.

- Plus il sentira un effort de communication à son sujet afin de diminuer les divergences dans les attitudes éducatives, plus il se sentira respecté et désiré de la part de ses deux parents, divisés dans leur réalité mais encore couplés dans leurs fonctions parentales.
- Un tel effort suppose que le père et la mère se fassent éventuellement aider pour garder un certain degré de distanciation et pour ne pas projeter leurs attentes déçues sur leur fils ou leur fille. Les manipulations de l'enfant sont à peu près inévitables, puisque celui-ci perçoit des demandes différentes, même quand les parents essaient sincèrement d'être cohérents. De telles manipulations doivent être dénoncées le plus vite possible afin de ne pas alimenter l'illusion de la toute-puissance chez le jeune.
- L'enfant doit sentir qu'il a toujours la possibilité de rencontrer l'autre parent quand il en a réellement besoin, mais cela doit se faire selon des règles pour ne pas tomber dans le piège classique : « Quand cela ne va pas chez l'un, je menace d'aller chez l'autre et j'annule ainsi toutes les frustrations qui sont le lot de la vie quotidienne. » Lorsque de tels échanges sont désirés, mais ne peuvent pas se réaliser parce que l'un des conjoints faillit à sa tâche, il ne m'apparaît pas sain que l'autre partenaire couvre par des mensonges l'existence de ces dérobades ou de ces volte-face. Puisqu'il y a conflit, il

faut que celui-ci soit porté par « la bonne personne ». Sinon, il ne pourra jamais être liquidé.

- Toujours dans le même sens de l'authenticité, il n'est pas bon que l'enfant soit nourri dans l'illusion d'une réunification éventuelle, si celle-ci n'est pas envisagée. Lors d'un divorce, enfants et parents ont parfois la nostalgie des années antérieures. Toute déception replonge le garçon ou la fille dans la déchirure du mythe réunificateur.
- L'enfant ne doit pas être confronté à l'éventualité d'un choix par rapport à l'un ou l'autre parent. Cette demande l'écartèle inutilement et la réponse qu'il donne est en elle-même un traumatisme qu'il s'inflige.
- Le vécu antérieur ne peut pas être renié. Il en est de même pour toutes les rencontres nouvelles dans l'ébauche d'une nouvelle famille. Une des choses difficiles à comprendre pour un adulte est que des personnes redevenues étrangères, voire hostiles à son univers affectif, puissent rester significatives pour son fils ou sa fille.
- L'admiration de l'enfant vis-à-vis de l'ex-conjoint met toujours face à son propre rôle, à ses propres responsabilités et à sa propre image. Ce sentiment positif est pourtant nécessaire pour le développement du jeune, qui doit pouvoir en parler pour se sentir compris.
- Finalement, la règle essentielle reste qu'il faut pouvoir exprimer son univers de contradictions et d'attentes, ses déceptions et ses amours. Est-il possible de le faire dans la situation socio-familiale partagée ? Faut-il l'aide d'une tierce personne pour qu'une médiation se mette en place ? Voilà l'une des questions-clés auxquelles aucun membre d'un creuset familial divisé ne peut échapper.

LE PARENT SEUL AVEC SON ENFANT

Plusieurs situations peuvent amener un parent à se retrouver seul avec son ou ses enfants : décès de l'un des conjoints – séparation suivie d'une absence d'implication de la mère et, dans les faits, plus souvent du père – décision par un parent d'élever seul un enfant, soit par adoption, soit par procréation assistée – femme abandonnée dès la grossesse par son ami.

Chacun de ces événements se colore différemment selon le soutien reçu par les autres membres de la famille, les conditions financières, l'âge des différents enfants s'il y a une fratrie, l'existence ou non d'un conjoint de passage, l'état psychologique et physique de l'enfant pris en charge, etc. Il est donc bien difficile de traiter globalement un tel sujet en quelques pages, tant les variables qui s'interpénètrent peuvent aboutir à des tableaux contrastés.

Les statistiques révèlent qu'un triple problème surgit dans nombre de familles dites monoparentales : dans une très grande proportion, il s'agit de femmes seules. Ces femmes connaissent souvent de grandes difficultés financières et vivent fréquemment une situation de grande solitude.

Le grand décalage qui s'opère au profit des femmes s'explique essentiellement par le retrait plus fréquent des hommes lors de la séparation. Bien sûr, beaucoup d'entre eux veulent continuer à jouer leur rôle de pères. Ils se retrouvent alors dans une alternance de prise en charge des enfants, tels que nous venons de la décrire en parlant du divorce. Plusieurs facteurs amènent des mères à assumer seules la charge éducative, avec un abandon total de l'ex-époux ou avec une participation tellement ténue qu'elle se limite à quelques apparitions lors de fêtes ou d'anniversaires. Voici quelques-uns de ces facteurs : la blessure créée par la rupture des liens; la tendance qu'a parfois la mère de protéger son enfant en limitant les rencontres avec son ex-mari ; le malaise qu'éprouvent bien des hommes quand vient le temps de se situer vis-à-vis de leurs enfants, au moment de la séparation, surtout si ceux-ci sont très jeunes; la reconstitution par certains d'entre eux d'une nouvelle famille qui éclipse les investissements antérieurs ; la démission trop fréquente de l'homme-père lorsqu'il s'éloigne de son épouse.

Lorsqu'il se produit, un tel repli du père s'accompagne généralement d'une grande réticence à payer la pension. Sur le plan financier, il y a de lourdes conséquences à devoir assumer seule une fonction maternelle, même si la pension est réglée, car il est difficile d'exercer un métier lorsque l'enfant est petit.

La réduction du creuset familial par le départ de l'un des conjoints entraîne un rétrécissement du réseau des amis, voire une réaction ambivalente des proches qui, prenant partie pour l'un ou pour l'autre, diminuent les occasions de rencontres. Cette solitude existe même dans des cas de veuvage, car le filet convivial qui s'était peu à peu tissé accrochait ses mailles à partir du plaisir de la rencontre avec le couple ou avec l'un de ses éléments. La disparition d'un membre déséquilibre le système interactionnel et celui-ci ne peut pas toujours se reconstituer.

À ces variables qui peuvent être considérablement atténuées, selon le comportement des différents protagonistes et selon le soutien que le parent seul rencontre auprès des siens, il faut ajouter un certain nombre de problèmes liés aux raisons mêmes de la monoparentalité.

Lorsque l'un des parents décède après une période familiale heureuse, l'image de l'absent demeure présente pour chacun des membres du groupe. On peut évoquer des souvenirs, se parler du disparu, garder des photos, idéaliser même celui ou celle qui n'est plus. Bien que pénible à effectuer, un processus collectif de deuil se met en place sans que les rancoeurs et les non-dits puissent alourdir l'atmosphère.

Un parent qui se retrouve seul n'est pas toujours malheureux. Il éprouve souvent un soulagement, puisque le départ du partenaire enlève des tensions, stoppe des comportements inadmissibles, clarifie une situation morbide, etc. Malgré la solitude et certaines difficultés financières, la mère ou le père délaissé ressent un apaisement qui peut être éprouvé aussi par les membres de la fratrie. Une famille peut enfin se constituer.

Le parent « abandonné », alors qu'il souhaitait maintenir des liens conjugaux et parentaux, vit une situation beaucoup plus pénible. Il doit réaménager sa vie sous le registre de l'échec, de la colère et de l'impuissance tout en taisant cette somme d'émotions s'il ne veut pas envahir le psychisme de ses enfants. Il fait front tout seul et échappe difficilement à une certaine stigmatisation. Par rapport au modèle de famille qui a peut-être été le sien antérieurement, une déchirure s'est produite. « Qu'ai-je fait pour que l'homme ou la femme que j'ai aimé ait non seulement disparu mais se soit retiré de sa fonction parentale ? Au nom de quoi mes enfants subissent-ils une telle sanction ? » Les termes utilisés par l'opinion publique sont d'ailleurs redoutables. On parlera en effet de famille incomplète, dissociée, désunie, en se référant non pas à l'idée qu'une nouvelle culture de la famille puisse jaillir de la monoparentalité, mais plutôt à la constatation que le modèle omniprésent de la famille nucléaire classique a été brisé. Il y a donc au fond de soi et autour de soi une sorte de jugement moral dont le parent doit essayer de se défaire en reprenant confiance en lui, malgré la lourdeur de ses tâches.

Cette pesanteur le conduit presque inévitablement à traverser des périodes de doute, car il doit assumer de multiples fonctions parentales qui sont généralement partagées quand il y a un couple.

On dit, par exemple, qu'il doit assumer simultanément les fonctions maternelles et paternelles. En elle-même, cette affirmation est fausse, car il ne peut être question de représenter en même temps les composantes masculines et féminines de la parentalité. On est totalement mère ou totalement père, et il est illusoire de faire comme si on pouvait représenter le lien de filiation qui appartient à l'autre. Une maman seule assume toutes les qualités maternantes en se référant à l'image, voire à la présence transitoire du père de son enfant s'il existe, mais elle le fait toujours en tant que maman, sans chercher à endosser une pseudo-identité paternelle. Dans ce sens, il ne s'agit pas de vouloir reproduire la complémentarité naturelle de la famille nucléaire. L'enfant doit être au clair avec la réalité : maman ou papa est seul et ses décisions, ses marques de tendresse, ses positions d'autorité ne sont pas l'aboutissement d'un lien d'alliance entre époux et épouse ; elles sont pleinement assumées par une personne devenue « chef de famille ».

Cette position amène le parent à endosser des responsabilités qu'il ou elle assume dans une solitude parfois bien pesante. Il y a donc un espace intermédiaire ténu entre ce parent et son enfant. Dans un couple, on n'est pas toujours d'accord sur les orientations à prendre, sur les attitudes éducatives à adopter, sur les valeurs à témoigner. Ce flottement provoque des tensions, mais entraîne en revanche une zone d'incertitude et de choix possibles qui permet à l'enfant de se distancier de ses parents en s'appuyant tantôt sur l'un, tantôt sur l'autre. Dans la situation monoparentale, surtout si l'enfant est unique, tout se joue et se règle à deux. Les divergences éventuelles ne peuvent donc pas bénéficier d'un arbitrage. Il en résulte des liens de proximité extrême. Cela comporte des avantages, puisqu'il n'existe qu'un seul point de référence. Cependant, cette vie à deux devient parfois lourde dans le poids de l'investissement possible et dans les prises de décisions qui concernent le garçon ou la fille. L'éducation ne devient plus le résultat d'un jeu interactionnel de désirs parentaux essayant d'écouter les demandes infantiles tout en les modelant en fonction d'une situation groupale. Elle est l'affaire d'une personne devenue inévitablement dominante, même si elle tente de s'appuyer sur les avis des membres de la famille élargie.

L'un des dangers de la famille monoparentale est donc celui d'une appropriation excessive de l'enfant. Plusieurs variables jouent ici un rôle déterminant par rapport à ce danger.

Lorsqu'une femme ou un homme se retrouve seul à suivre le développement d'un enfant, il ou elle parvient tantôt à s'appuyer sur son entourage immédiat, tantôt à devenir le seul filet protecteur de son enfant. Dans ce dernier cas, le parent doit s'interroger de façon lucide sur la signification que prend son enfant dans sa vie : Devient-il un sujet réparateur de sa détresse ? Un petit être dont on ne peut plus se passer, sous peine de voir surgir des affects dépressifs ? Un confident qui reçoit sur ses épaules la charge beaucoup trop pesante d'endosser les préoccupations de l'adulte ? Un enfant si proche de sa mère ou de son père qu'une relation affective s'est progressivement érotisée ? La crainte de le voir s'éloigner l'emporte-t-elle sur le désir de l'aider à grandir ? La peur de se voir délaissé amène-t-elle à décoder ses mouvements normaux d'autonomie comme des menaces insupportables ? La vie est-elle entièrement centrée sur lui sans que d'autres investissements ne fassent dériver ce mouvement libidinal excessif ?

Un parent seul doit oser regarder ces questions. Il est particulièrement impérieux de le faire si la monoparentalité a été un choix délibéré. On comprend très bien qu'une femme seule puisse éprouver le grand désir de se faire faire un enfant ou d'en adopter un si les circonstances de l'existence ne lui ont pas permis de rencontrer l'homme qu'elle aurait souhaité rencontrer. Il se peut qu'un homme voit jaillir en lui une motivation identique. Cependant, l'idée de partager ses fonctions parentales avec d'autres reste présente. Elle se concrétise parfois secondairement quand la personne trouve le ou la partenaire qu'elle souhaitait découvrir. Cette idée peut rester à l'état de rêverie, et une famille peut se constituer autour d'un célibataire qui ne renie pas son désir d'ouvrir l'univers de l'enfant à des partenaires masculins et féminins susceptibles d'élargir son creuset d'accueil.

Ce qui apparaît beaucoup plus dangereux, c'est la réalisation d'un fantasme d'appropriation, à savoir créer avec un petit être humain une relation exclusive parce qu'on ne désire pas partager les joies de la parentalité avec un partenaire ayant le nom de « l'autre parent». L'enfant se trouve alors l'objet d'une quête abusive. Il permet à l'adulte d'exercer un pouvoir redoutable : être le géniteur unique afin que rien d'autre que soi ne puisse altérer «son œuvre».

Une adolescente devient volontairement enceinte et délaisse son ami pour être «totalement libre et mère», selon son discours. Elle se lance alors dans une monoparentalité inquiétante puisqu'elle inscrit son futur bébé dans un refus de toute tutelle, afin de l'avoir exclusivement pour elle. Certes, elle pourra rectifier parfois la situation en s'appuyant finalement sur ses parents, puis en créant secondairement son propre foyer, mais au départ elle place son enfant dans une position d'objet comblant ses insatisfactions et sa quête d'identité, et non dans la position d'un sujet orienté vers l'Autre.

La jeune femme qui veut réparer son passé d'enfant carencé en se donnant un bébé « qui soit tout pour elle » risque d'en faire un être de symbiose, si elle ne découvre pas cette règle essentielle de tout maternage : *Enfanter puis aimer son enfant, c'est d'abord et avant tout lui donner un espace où il puisse se créer.*

La femme ou l'homme qui aspire à cloner sa propre image pour refuser sa condition d'être mortel transforme dramatiquement le sens de la famille : cet adulte veut voir en son enfant le reflet de sa personne et néantise ainsi l'émergence d'une personnalité.

Ces dérapages, il faut avoir le courage de les dénoncer. Cependant ils ne doivent pas faire oublier que la famille monoparentale reste, parmi les modèles d'accueil, une option possible, une phase de l'existence, une étape éventuelle dans une évolution. Il n'est pas sans danger d'en faire une transgression qui donnerait au parent le sentiment coupable d'être une mauvais mère ou un mauvais père.

Rappelons cependant quelques pistes de réflexions :

- La famille monoparentale contribue à créer des liens souvent très étroits avec le ou les enfants. Il est donc souhaitable de savoir les desserrer lorsqu'ils réduisent les possibilités d'ouverture sur le monde extérieur.
- Ce type de famille restreint inévitablement la rencontre avec des représentants parentaux de l'autre sexe. Il faut donc pallier leur absence par des échanges avec la famille élargie.
- Lorsqu'elle résulte d'une cassure conjugale, la famille monoparentale fait vivre aux enfants, pendant une certaine

période, un grand bouleversement de leur position sociale dans l'entité familiale qu'ils avaient connue jusque-là. Ils ont souvent besoin de parler de ce sujet afin de clarifier où ils en sont.

- Lorsque la position initiale est la monoparentalité qui se transforme par la suite en une situation de biparentalité, elle amène inévitablement l'enfant à vivre de difficiles changements de filiation et d'alliances. Le couple qui se constitue doit en avoir conscience afin d'aider le jeune à se situer face aux remaniements affectifs qui lui sont imposés.
- L'enfant est un être biparental de par ses origines mêmes. Si l'un des géniteurs est absent, l'enfant doit s'ajuster à une autre culture tout en se constituant un roman familial où le parent disparu ou inconnu demeure un élément fondateur de sa personnalité. Cette construction fantasmatique, il faut la respecter.
- Le parent seul connaît parfois des relations transitoires avec des amis de passage. Dans une telle situation, ses besoins et ceux de l'enfant ne sont pas toujours convergents. L'enfant aspire soit à la construction d'une famille biparentale, soit au maintien de la relation privilégiée avec sa mère ou son père isolé. Dans le premier cas, la disparition trop souvent inexpliquée de l'ami de passage devient une perte, puisque l'enfant s'était investi dans la relation. Dans le deuxième cas, ce même ami représente une menace qui peut se jouer sur deux plans : 1) crainte de voir le parent tourner son amour vers une autre personne que lui et 2) sentiment de trahir le parent géniteur, que celui-ci soit connu ou seulement fantasmé. Les positions conflictuelles peuvent amener le garçon ou la fille à présenter des troubles du comportement

qui ont valeur de protestation et d'appel, et qui sont des marques de souffrance.

- La famille monoparentale conduit souvent, nous l'avons dit, à des phases de solitude. Il y a donc une culture de la famille à bâtir. Puisqu'elle ne peut pas se vivre sur le modèle nucléaire habituel, il est souhaitable que la famille monoparentale se constitue des réseaux substitutifs de convivialité où les gens peuvent se parler, créer des liens, sortir de l'isolement. Autant d'objectifs à atteindre. Sur ce plan, les services sociaux, au sens large, devraient se préoccuper de créer davantage de lieux de paroles et de rencontres.
- La famille monoparentale constituée d'un parent et d'un enfant crée une situation duelle où la charge affective entre les deux partenaires est habituellement très forte. Il peut en résulter un climat de sécurité et des conditions qui favorisent le développement de l'estime de soi. Cependant, l'enfant risque d'endosser plusieurs fonctions qui ne sont pas habituellement de son ressort : être un confident – osciller entre le rôle du tout petit et le rôle de « presque-parent » – devenir l'ami qui s'imagine petit amant – être partagé entre son désir de s'éloigner pour s'individualiser et celui de rester tout proche pour ne pas décevoir le parent. Chacune de ces positions, quand elle tend à s'installer, doit être rectifiée par l'adulte.
- La monoparentalité débouche sur une conception particulière de la famille, qu'il faut assumer pleinement tout en sachant que les protagonistes ont souvent la nostalgie de la biparentalité. Cette nostalgie n'est pas malsaine, car elle traduit de la part des différents membres du groupe familial le souhait de ne pas s'aliéner dans une relation trop exclusive. La nostalgie est problématique quand la

culpabilité est un sentiment dominant chez la mère ou le père et quand le spectre d'être le mauvais parent s'infiltre dans son esprit.

Par contre, certaines motivations conduisant à la monoparentalité sont morbides et nous en avons déjà parlé. Tout désir d'avoir l'enfant pour soi, afin de réaliser sans partage son rêve personnel ou de réparer en soi une zone blessée, comporte le risque d'emprisonner ce sujet dans les rets d'un filet qui ne lui laissera plus de place pour devenir un être autonome, suffisamment libre de ses pensées et de ses actions pour fonder sa personnalité. Il est une nécessité pour tout parent d'oser regarder ce jeu des désirs. Cela est encore plus un devoir pour celle ou celui qui assume seul une tâche éducative.

Les familles reconstituées

Par « famille reconstituée » nous entendons la situation suivante : des parents séparés, ayant déjà un ou des enfants, décident de recomposer une structure d'accueil et de vie avec un autre partenaire qui, lui-même, a déjà des garçons et des filles. Il résulte de cette nouvelle union la constitution d'un réseau de personnes dont certaines appartiennent à la filiation antérieure tout en devant s'intégrer à un autre champ de filiation, tandis que d'autres se mettent à établir des alliances avec des sujets qui leur étaient totalement étrangers jusque-là. Cette « grande » famille est composée de pères, de beaux-pères, de mères, de belles-mères et de grands-parents issus des quatre groupes familiaux : frères et sœurs, demi-frères et demi-sœurs, oncles et tantes, cousins et cousines. Sans compter les amis proches. En réalité, la « grande » famille est composée de sous-groupes dont chaque protagoniste ne connaît qu'une partie. Il se peut même que certains sous-groupes ne veuillent pas se voir, alors que l'enfant, plongé dans ces deux milieux reconstitués, fait inévitablement la connaissance d'un ensemble de personnes qui remplissent des tâches parentales pour les uns et des rôles fraternels pour les autres, et qui représentent des images d'investissement tout à fait nouvelles pour d'autres encore, sans que les parents biologiques puissent se situer dans cette globalité.

En fait l'enfant est le seul à réunir un champ interactionnel dont les membres n'ont, en dehors de lui, aucune raison de se sentir en liens mutuels d'appartenance. Il parle donc souvent de gens qui occupent dans son cœur une place importante, mais qui – pour ceux qui ont charge de l'accompagner dans son développement – sont sources d'ambivalences, voire d'hostilité et d'inquiétudes. Un demi-frère ou une demi-sœur peut être inconnu de la mère ou du père originaire. Il en est de même des grands-parents et parfois même de la belle-mère ou du beau-père.

La famille devient ainsi un réseau dont les zones de rapprochement chevauchent des zones conflictuelles. Elle est une structure dans laquelle les histoires antérieures des multiples intéressés sont en discontinuité. Un garçon peut ainsi rencontrer une fille qui, tout en devenant sa demi-sœur, ne s'est jamais située dans une continuité développementale avec celui que sa maman nomme à présent son demi-frère. S'ils tombent amoureux l'un de l'autre, on parlera de composante incestueuse alors qu'ils sont, au moins au départ de leur rencontre, des jeunes gens et des jeunes filles aussi étrangers dans leur filiation originaire que des copains et des copines. Un enfant doit brusquement partager avec son demi-frère ou sa demi-sœur une relation avec sa mère ou son père, relation qui était jusque-là exclusive, tout en sachant qu'une autre mère ou un autre père transforme continuellement l'image de sa maman ou de son papa. En parlant des mamies ou des papis, il faut poser régulièrement la question : « De quel grand parent s'agit-il ? » puisque, au moins dans ce cas, il n'existe pas de termes particuliers pour les distinguer. Des oncles et des tantes qui peuvent constituer, pour l'un des enfants, des pôles identificatoires très importants demeurent des inconnus dont il faut pourtant entendre régulièrement parler.

À première vue, un tel imbroglio est une situation impossible, génératrice de grandes perturbations. Si tel peut être le cas dans les faits, elle est tout de même beaucoup moins inextricable qu'elle ne le semble au premier abord, à condition de respecter certaines règles de conduite. Que peut donc apporter à l'enfant un réseau familial aussi complexe et quels pièges faut-il éviter ?

Lors d'une séparation, chaque parent est tellement sous le choc de cet événement douloureux qu'il est peu disponible pour moduler ses émotions afin de rester un partenaire qui sache tenir compte de l'autre dans l'éducation des enfants. Les positions défensives l'emportent généralement sur les attitudes d'écoute. Lorsque ce même parent tourne ses élans affectifs vers un nouveau conjoint, l'intensité des émotions tend à décroître. Souvent, un espace de dialogue se reconstitue alors autour des enfants, qui deviennent ainsi moins porteurs des charges conflictuelles parentales. On commence à admettre qu'au-delà de la blessure qui amenait à rechercher les torts réciproques, il est nécessaire de rester en communication pour aider le garçon ou la fille à s'intégrer dans ses nouveaux milieux. Les décalages entre les modes de vie ne sont plus seulement vus comme des obstacles. Ils sont perçus comme des réalités inévitables susceptibles d'apporter certains avantages à l'enfant dans la mesure où ils sont regardés, évalués, acceptés, et aplanis quand cela devient nécessaire.

En effet, à quoi doit faire face un enfant qui vit successivement dans deux milieux familiaux où il retrouve l'un de ses parents originaires et d'autres personnes jouant des rôles de substitution parentale ? Les stimulations reçues sont différentes. Dans toute maison se constitue un bain sonore, visuel, olfactif, tactile et kinesthésique qui est lié au conglomérat de ses habitants. Depuis la couleur des murs, la disposition des meubles, la texture des tapis en passant par le type d'alimentation et le rite des heures de lever et de coucher, il se forme un tissu sensoriel à partir duquel chacun bâtit ses points de repère. Chaque passage d'une maison à une autre suppose l'adaptation à un nouvel espace, à des séquences temporelles modifiées, à un exercice différent de son droit à l'autonomie et à la créativité. Lorsqu'on devient anxieux, il n'est plus possible de se retirer dans la même zone spatiale, d'utiliser le même jouet pour se bâtir un scénario compensateur, de retrouver le même livre dont la reprise du récit au fond de tel fauteuil permet d'échapper à la détresse transitoire.

À l'intérieur de ce cadre qui structure une « nouvelle » aventure, c'est tantôt une belle-mère, tantôt une mère, tantôt un beau-père, tantôt un père, tantôt une fratrie étrangère à soi de prime abord, et tantôt un frère ou une sœur de son sang qu'on se met à côtoyer en créant des modes d'attachement qui éveillent inexorablement des comparaisons au profit de l'un ou de l'autre. Les valeurs témoignées autour de « l'anodin du quotidien » (propreté, manières de manger, conversations souhaitées, etc.) sont subtilement différentes, voire nettement opposées dans certains domaines. Au fil des mois et à l'insu des multiples participants, le lieu de vie fait surgir une conception différente de ce qui peut se dire, de ce qui peut se faire et de ce qui peut s'éprouver. Papa n'est plus pareil avec sa nouvelle épouse. Maman ne formule pas exactement les mêmes demandes depuis qu'elle fréquente son ami qu'on ne sait pas encore très bien comment nommer, par son prénom ou par le mot « autre papa ». Ce jeu des noms est d'ailleurs complexe : tel enfant appellera son père « papa » et le deuxième « dad », il nommera sa grand-mère « mamie » et sa nouvelle grand-mère, « mima ». Par ces dénominations, on voit surgir un jeu adaptatif sous-tendu par un désir d'investir sur un mode différencié chacun des protagonistes, tout en évitant que les termes utilisés n'éveillent des sentiments de rivalité ou des conflits de fidélité.

En fait, l'enfant cherche à se reconstituer deux réseaux identitaires ayant certes des points communs (par exemple, les membres d'origine), mais formant aussi deux lieux d'accueil différenciés, autant par les objets gardés et côtoyés que par les personnes rencontrées. « Il y a mon cousin d'en haut et celui d'en bas », me dit ainsi Gérard qui ajoute : « Chez l'un, j'ai l'ordinateur, et chez l'autre, mon *play-station*. Je n'aimerai pas la même chose chez les deux. » « Mon papi d'ici, c'est un bricoleur », déclare Sylvie en riant. « L'autre, il est le champion des histoires racontées. Impossible de les confondre. »

Le réaménagement des liens, au sein des familles reconstituées, peut donc créer une situation qui apporte un certain nombre de richesses potentielles.

- Un réseau s'élargit en offrant des possibilités nouvelles d'investissement à un enfant qui avait vu dans un premier temps un rétrécissement de ses échanges.
- Ce réseau tente généralement de se mettre à son service en modulant les occasions de conflits afin qu'il ne soit pas victime des querelles antérieures. Il découvre donc que, au-delà des tensions, il peut y avoir un mouvement symbolisant un certain nombre d'alliances, même si celles-ci restent précaires.
- Il se bâtit deux zones existentielles où les projections et la vie fantasmatique sont différentes, tout en établissant des liens inconscients où s'entrecroisent les attentes et les manques.
- S'il y a une fratrie apportée par la belle-mère ou le beau-père, il découvre de nouveaux compagnons qui sont à la fois très proches, mais qui mettent face à des obstacles de filiation. « Ce n'est pas ta mère, c'est la mienne », est une phrase fréquemment prononcée. Elle révèle que, derrière les alliances, le risque de dépossession est toujours présent. Par rapport à ce compagnonnage avec un garçon ou une fille jusque-là inconnu, le parent craint

parfois la formation d'idylles amoureuses à tonalité incestueuse. Dans les faits, il est rare que de jeunes adolescents et adolescentes vivant sous le même toit, dans une proximité physique et affective marquée, éprouvent des sentiments amoureux mutuels. Les études sur la vie à l'intérieur des kibboutz révèlent très peu d'unions entre des partenaires qui ont connu une existence communautaire de type fraternel. Lorsque cela se produit, le groupe des jeunes tend d'ailleurs à juger assez sévèrement de telles unions. Le phénomène est identique à celui qui se produit au sein de familles reconstituées. Le peu de distance entre frère, sœur, demi-frère et demi-sœur suscite l'émergence d'un tabou autour de la vie sexuelle et une sorte de « dégénitalisation » des relations.

- Les familles reconstituées apportent à l'enfant quelques avantages matériels : fêtes individuelles et collectives se répétant plusieurs fois, ce qui entraîne la remise de cadeaux et des expériences différentes de convivialité.

De ces remarques, il ne faudrait évidemment pas conclure que tout devient facile dans cette vie scindée en deux parties. Les obstacles sont nombreux et, si leurs résolutions dépendent de tous les protagonistes, les attitudes des parents biologiques et substitutifs jouent un grand rôle dans l'atténuation ou l'exacerbation des conflits.

Tout peut se résumer à la question suivante : l'enfant est-il écartelé entre les deux identités groupales qui le placent devant un choix déchirant d'attachement et d'appartenance ? Si oui, le conflit de loyauté balaiera tous les avantages précédemment décrits en plongeant le sujet dans un dilemme écrasant : « Comment ne pas trahir l'un de mes parents en aimant non seulement l'autre parent, mais les partenaires nouveaux qui l'entourent et qui désirent m'apporter de l'affection ? »

Quand l'enfant se trouve dans le foyer où l'autre parent est absent, toute attaque de la fonction parentale de la mère ou du père met le jeune devant une situation délicate: ou il acquiesce et trahit, ou il fait celui qui n'entend pas et se considère comme un lâche, ou il tente de se couper en deux et se vit comme dépossédé d'une zone de lui-même, ou il défend l'autre qui est attaqué et se met dans une situation de vulnérabilité par rapport à celui qui, momentanément, est devenu un agresseur, ou il abandonne le terrain aux combattants et se place dans une position inconfortable de passivité, ou il ajoute quelques critiques afin de se faire bien voir et doit assumer une charge supplémentaire de culpabilité.

Il est illusoire d'espérer que l'enfant de familles reconstituées échappera toujours à ce dilemme. Celui-ci sera considérablement atténué par plusieurs « conventions éthiques »:

- Que les deux parents séparés évitent le plus possible de régler leurs comptes par enfant interposé.
- Que personne ne considère le conjoint dont on s'est éloigné comme un intrus qui réclame une place indue.
- Que chacun fasse de son mieux pour ne pas façonner, au cours de la vie quotidienne, une image rejetante de l'autre, ce qui oblige en quelque sorte l'enfant à coller par fidélité à cette représentation.
- Que les deux ex-conjoints et les nouveaux conjoints soient convaincus que seul le respect, retrouvé ou maintenu de la part de l'autre parent, permet à l'enfant de recouvrer un espace de liberté.
- Que tous sachent que si l'un des parents est faible, sans défense, maladroit dans ses attitudes et plongé dans la solitude alors que l'autre s'est reconstitué une famille, l'enfant établira souvent — de façon apparemment

paradoxale – un attachement privilégié et protecteur à son égard parce que le fait de percevoir cette détresse ravive en lui le conflit de loyauté.

- Reprendre tout discours de l'enfant du type: « Quand je suis chez l'autre, on ne s'y prend pas de telle ou telle manière, on permet telle ou telle chose interdite ici. » Ces différences d'attitudes éducatives sont inévitables et le jeune doit le comprendre. Si elles sont posées pour embarrasser l'autre conjoint, elles sont néfastes puisqu'elles mettent l'enfant dans une situation de porte-à-faux, sous-tendue par l'hostilité. Si elles sont la marque de deux structures d'accueil dont les habitudes de vie ne sont pas les mêmes, il faut les présenter ainsi. Elles permettent au garçon ou à la fille de prendre conscience de la réalité. Des coutumes s'installent au sein de la famille et constituent les points de référence dont chacun a besoin pour se sentir à l'aise. Elles sont relatives à une certaine conception de l'existence et doivent donc être respectées. Les adultes doivent faire comprendre à l'enfant que cette relativité n'est pas en elle-même une contradiction. Elle est la marque d'une individualité.
- Dans la famille qu'il reconstitue, chaque parent doit être vigilant par rapport aux critiques et aux jugements de valeur que les membres du groupe – depuis la fratrie jusqu'aux grands-parents, en passant par les cousins et les cousines – peuvent poser vis-à-vis de l'autre groupe familial. Lorsque ces réflexions deviennent blessantes, il est important qu'elles soient rectifiées afin de ne pas replonger le garçon ou la fille dans un conflit de loyauté. Cela ne veut pas dire qu'il faut tout accepter au nom d'une pseudo-mutualité qui effacerait tous les conflits de façon utopique. Des divergences apparaissent

immanquablement. Il faut les entendre quand c'est l'enfant qui les formule, et les nommer si c'est soi-même qui les constate. Cela fait partie d'une quête d'authenticité. On peut être en désaccord avec certains comportements de l'autre parent, sans pour autant dénier le respect qu'on lui doit en tant que personne.

- Il faut même sans doute aller plus loin. Ce sont des désaccords, des désinvestissements, des conceptions différentes de l'existence qui ont abouti un jour à une rupture. La reconstitution de la famille a représenté un effort pour retrouver un équilibre plus satisfaisant. Des zones d'affrontement persistent avec l'ex-partenaire et il ne servirait à rien de faire comme si ces divergences n'existaient pas. Chacun a vécu un drame dans des registres différents. Il demeure des relents de rancœur que seules les années pourront faire oublier un peu. Les deux groupes familiaux ne seront jamais dans une alliance. Tout au plus pourra-t-on maintenir ce que Jean-G. Lemaire (*Famille, amour, folie : lecture et traitement psychanalytique des liens familiaux*. Paris : Centurion, 1989) appelle un minimum de « coalition parentale », afin d'éviter que l'enfant ne soit écartelé entre deux pôles identificatoires. On veut tout faire pour diminuer la fréquence, la répétition, l'intensité des heurts sans discréditer celui ou celle qui restera toujours, à un certain degré, l'agent de la blessure.

En fonction de l'âge de l'enfant, de sa maturité, de sa propre vision du conflit, les protagonistes tentent de le dégager d'une affaire qui fut « celle des grands » tout en faisant souffrir les petits. Il est dans un monde mouvant d'adultes en cheminement réparateur. Peut-être les ex-conjoints finiront-ils par trouver un terrain d'entente. Peut-être déboucheront-ils sur la reprise de rapports parentaux, après avoir fait le deuil des rapports conjugaux. Peut-être ne pourront-ils déboucher que sur un modus vivendi où la meilleure solution consistera à s'éviter pour ne pas s'affronter.

Dans tous ces cas, l'objectif reste le même : ne pas condamner l'enfant à choisir entre les deux camps – ne pas le placer dans une position d'otage – ne pas le transformer en projectile – ne pas lui faire croire en une réunification impossible. Lui dire tout simplement la vérité : deux personnes qui avaient cru pouvoir s'aimer et, de là, créer une famille ont découvert qu'elles n'étaient pas faites l'une pour l'autre. Elles se sont donc séparées dans la souffrance ou dans l'indifférence feinte, puis elles ont continué à vivre tout en cherchant à dégager l'enfant de responsabilités qui n'étaient pas les siennes. Elles savent qu'il demeure en lui une zone meurtrie. Elles feront tout pour que l'enfant reste inscrit dans leurs deux filiations en admettant, non sans crispation inévitable, que d'autres alliances puissent se reconstituer.

Une situation délicate surgit parfois. L'un des parents séparés retrouve une harmonie familiale par la rencontre avec un nouveau partenaire ayant ou non des enfants. Un véritable creuset se constitue ainsi et les satisfactions éprouvées font peu à peu disparaître les rancœurs antérieures. L'autre parent demeure seul et sa position monoparentale entraîne les difficultés que nous avons précédemment analysées. L'enfant vivant successivement dans les deux foyers découvre la différence et soit veut rester le plus longtemps possible dans la famille reconstituée, soit maintient une relation privilégiée avec le parent défavorisé, par devoir et par souci de protection. Il peut en découler une exacerbation du conflit de loyauté avec telle ou telle manifestation symptomatique qui résulte de l'intériorisation d'un conflit psychique dont la résolution est perçue comme impossible.

La famille composée de deux parents de même sexe

Aborder le thème de l'homosexualité comporte toujours des risques, tant le sujet est passionnel. L'aborder dans le contexte de la famille éveille encore davantage de tensions. J'ai cependant décidé de le faire, car il ne sert à rien de se comporter comme si le problème n'existait pas et comme si les personnes qui devaient l'endosser ne pouvaient pas être écoutées. Qu'on le veuille ou non, il existe un nombre relativement élevé de familles reconstituées ou de familles divorcées où l'un des partenaires s'est séparé parce qu'il avait pris conscience de son homosexualité et de l'amour qu'il éprouvait pour une personne de son sexe. Des couples homosexuels, tant hommes que femmes, réclament à l'heure actuelle le droit à l'adoption et l'ont déjà obtenu dans certains pays. Même si ce droit n'est pas officiellement reconnu, il ne manque pas de possibilités de prendre en charge un enfant soit issu d'une mère porteuse, soit né d'une mère ayant demandé au père de n'avoir qu'une fonction de donneur de sperme, soit adopté sans acte légal.

Comment se situer vis-à-vis d'un phénomène beaucoup moins nouveau qu'on ne l'affirme, mais révélé à présent au grand jour ?

Dans mes réponses et dans mes incertitudes, je n'échapperai ni à mon histoire, ni à mes préjugés ni à mon éducation religieuse et morale, c'est-à-dire à l'ensemble des strates déposées au fil des années dans ma construction identitaire. Puissent ces réflexions amener le lecteur à se regarder lui-même dans les zones agitées de ses mouvements pulsionnels et de ses valeurs intégrées.

Quels arguments utilisent ceux qui dénient aux homosexuels le droit à la parentalité ?

« Deux homosexuels vivant avec un ou des enfants ne constituent pas une vraie famille. Ils forment tout au plus une communauté de vie » : Comme la famille est d'abord un milieu d'accueil dans lequel des adultes, désireux de vivre ensemble, établissent un contrat moral et affectif qui les conduit à accompagner l'évolution de leurs enfants, on voit mal que cet argument puisse tenir. Dans la mesure où deux hommes ou deux femmes s'accordent pour consacrer une partie de leur énergie à prendre en charge l'éducation d'un garçon ou d'une fille pour l'amener à la vie adulte, ils bâtissent un creuset d'accueil qui forme un modèle familial, certes différent de la famille nucléaire classique, mais qui constitue une certaine culture de la famille. Ils ont les mêmes responsabilités et on peut attendre d'eux les mêmes exigences de stabilité, de qualités relationnelles, d'affections réciproques, de distanciation pour accompagner leur enfant.

« L'homosexualité étant une dérive de la sexualité normale, il n'est pas possible d'introduire l'enfant dans le domaine d'une perversion » : Ce thème a été celui qui a prédominé pendant des siècles. Anomalie, maladie, perversion ont été autant de mots accusateurs conduisant les homosexuels vers le psychiatre ou vers l'inquisiteur. Sur ce plan, les points de vue ont changé, mais la réalité n'est toujours pas simple. Sous le terme général d'homosexualité se glissent des formes de vie profondément différentes.

- Des hommes et des femmes, sans nier leur sexe et sans nier la présence de l'autre sexe, se sentent attirés exclusivement, ou électivement sur le plan de leur expression génitale, vers un partenaire identique. Ils peuvent éprouver de l'amitié, de la tendresse envers des hommes s'ils sont des femmes et des femmes s'ils sont des hommes, mais le choix de l'objet sexuel privilégié est clair: s'unir à un être identique à soi sur le plan corporel. Tantôt cette orientation a été perçue d'emblée, puis acceptée progressivement sans expériences hétérosexuelles préalables, tantôt elle a été découverte pas à pas, avec un temps de négation qui a conduit à bâtir une famille classique, parfois avec enfants. Cependant, les divergences d'attentes ont été telles qu'elles ont débouché sur une rupture.

- Un homme ou une femme, tout en se sachant homosexuel et tout en ayant parfois des expériences extraconjugales avec une personne de son sexe, reste fidèle à sa première décision et assume, dans une biparentalité hétérosexuelle, une option qui n'était pas véritablement la sienne. Cette personne porte souvent seule son secret bien gardé.

- Des hommes et des femmes ne parviennent ni à s'accepter homosexuels ni à s'assumer hétérosexuels. Ils sont en lutte avec leurs tendances. Ils sont écartelés par des exigences morales, religieuses ou tout simplement personnelles. Des conflits intra-psychiques inconscients écartèlent leurs désirs réels. Ils ont besoin d'une aide psychothérapeutique. Dans ce cas, il est paradoxal de constater que la lutte menée par les associations de gays, en elle-même justifiée par le souhait d'éradiquer les positions ségrégatives, les coincent un peu plus dans leurs tentatives pour se définir, car ils ne reçoivent ni d'eux-mêmes ni de leurs groupes d'entraide le droit de dire qu'ils sont souffrants et désireux de mieux clarifier leur état psychologique.

- Des hommes et des femmes multiplient les expériences homosexuelles dans des contextes souvent très marginaux.

La composante narcissique de leur personnalité semble leur interdire de s'attacher longtemps à la même personne, voire même à s'intéresser à la globalité du corps de l'autre. L'image rencontrée n'est jamais celle qui a été rêvée. Cette quête impossible vers un autre, en fait un reflet de soi-même, peut aussi exister chez des sujets hétérosexuels. Elle représente parfois une phase dans la recherche particulièrement difficile de l'identité. D'autres fois, il s'agit d'une situation qui se prolonge et qui débouche sur des états dépressifs. Souvent les adultes tentent de juguler ces états en prenant des substances qui aggravent le problème. Ces personnes, qu'elles soient d'orientation homosexuelle ou hétérosexuelle, n'ont évidemment pas la capacité d'assumer une fonction parentale durable tant qu'elles sont dans l'errance. Dans les faits cependant, ce sont souvent des mères ou des pères dont l'enfant risque de devenir partie intégrante de leurs difficultés. Ces personnes forment une partie des familles dites « à haut risque » dont je ne parlerai pas, puisque le but de cet ouvrage consiste à aborder les structures familiales cohérentes.

- Des hommes et des femmes ne parviennent pas à supporter l'idée d'avoir un corps en discordance avec leur image intérieure. Ils aspirent, et cela souvent très tôt dans leur vie, à se réaliser dans la morphologie du sexe qui n'est pas le leur. Ils se travestissent, mènent une double vie, modifient leur corps par la chirurgie. Leur drame est souvent très profond, sans qu'on puisse – avec nos connaissances actuelles – les accompagner véritablement dans la quête impossible de leur moi altéré. Comme ces sujets souffrent et essuient des moqueries, ils ont des positions souvent passionnelles qui les entraînent vers une vision exaltée de ce qu'ils rêvent de devenir.

On voit donc que, au-delà du terme générique d'homosexualité, cette multitude de situations ne constitue pas une entité unique. Les cartes se brouillent quand nous confondons les premiers groupes d'homosexuels stables avec les derniers. Le public tend à le faire, et les regroupements du genre « fier d'être gay » contribuent singulièrement à cette absence de différenciation. Au nom de l'acceptation apparemment généreuse de toutes les formes d'expression sexuelle, les options, les déviances, les épisodes transitoires et l'état de souffrance se trouvent pris dans un amalgame dont seules émergent quelques prises de positions simplistes répercutées par des médias en mal de sensations fortes.

On affirme parfois que les homosexuels n'établissent jamais de couples stables. Leurs ruptures puis leurs essais de recomposition s'opposent à toute forme de structure familiale. Les études qui ont pu être menées sur ce point amènent à distinguer les couples dits stables, les couples ouverts (c'est-à dire ayant tendance à répéter les expériences avec différents partenaires), les homosexuels célibataires « actifs » (c'est-à-dire ceux qui mènent une vie sexuelle s'orientant vers de multiples rencontres transitoires) et les « dysfonctionnels » (c'est-à-dire ceux qui assument avec souffrance leur orientation). Les pourcentages mis en évidence sont assez proches de ceux qu'on retrouve dans les couples hétérosexuels et l'objection d'instabilité ne peut donc pas être sérieusement retenue.

Un autre argument en défaveur du couple homosexuel consiste à insinuer que les risques de pédophilie sont plus grands. Il est particulièrement formulé à l'égard des hommes quand, pères, ils demandent la garde de leurs fils. Cette crainte ne repose pas sur des réalités cliniques. La pédophilie, qui est le choix déviant vers un objet sexuel désiré pour sa qualité d'enfant, n'a rien à voir avec l'hétérosexualité ou l'homosexualité en tant que telles. Il peut exister bien sûr des attirances homosexuelles ou hétérosexuelles envers des enfants, mais les mécanismes qui sous-tendent ces orientations sont différents et eux-mêmes multiples.

On craint parfois que les enfants d'homosexuels ne deviennent eux-mêmes homosexuels. Cette crainte traduit déjà une attitude ségrégative discutable et elle n'apparaît pas fondée. Dans les quelques recherches sérieuses qui ont été entreprises, le pourcentage n'est pas significatif et montre que la construction de l'identité sexuelle doit être liée à beaucoup plus de variables que les seuls modèles d'identification.

Ces rectifications étant posées, les enfants dont les parents sont homosexuels risquent-ils de compromettre l'évolution de leur développement ?

Là encore, certaines objections ne tiennent pas, tandis que d'autres me paraissent avoir une valeur indéniable.

Si les deux parents de même sexe vivent de manière stable et ont le profond désir d'avoir un enfant et de l'accompagner dans son processus de séparation et d'individuation, il n'y a aucune raison pour que, tout petit, ce garçon ou cette fille ne pose pas les bases de son identité. Comme tout être en voie de maturation, il a besoin de sécurité, de régularité des soins, d'empathie, d'attentes anticipatrices positives, de pare-excitation, c'est-à-dire de tous ces ingrédients de la médiation relationnelle dont j'ai parlé dans ce livre. Je ne vois pas en quoi la biparentalité unisexuée pourrait, à ce point de vue, entraver l'exercice de ces qualités.

Le fait que l'enfant découvre progressivement son insertion dans un milieu familial différent de celui de la plupart de ses amis suscite inévitablement des questions: Pourquoi n'y a-t-il pas une mère et un père présents ? Pourquoi deux papas ou deux mamans sont-ils auprès de moi ? Que s'est-il passé pour que je vive une telle situation alors que mon « vrai » père ou ma « vraie » mère se trouve ailleurs ? Il est essentiel de répondre clairement à de telles interrogations. L'enfant doit savoir la vérité. On simplifierait de façon abusive si l'on affirmait que ce même enfant intégrera ces données sans les opposer à d'autres désirs. Il lui faut assumer une place particulière au sein d'une société qui, malgré un plus grand libéralisme, continue aujourd'hui à percevoir de telles structures familiales comme étant marginales.

Le problème devient particulièrement aigu au moment de l'adolescence. Devant une telle objection, on apporte habituellement la réponse suivante : le jour où la société considérera l'homosexualité comme une option aussi normale que l'hétérosexualité, les problèmes disparaîtront d'eux-mêmes pour l'enfant. Je ne crois malheureusement pas que cette réponse puisse éradiquer progressivement la perception « hors normes » que bien des citoyens peuvent avoir des parents homosexuels. On peut dire certes que plus il y aura de tolérance, plus on découvrira que cette option est une possibilité, plus on acceptera les différences, et moins l'enfant se percevra dans une position étrange et étrangère. Cependant, si l'on veut restreindre à des habitudes anciennes, au rejet lié à l'état de minorité, à des tabous dépassés et à la prise de positions aliénantes de la part des Églises ces positions ségrégatives qui reviennent régulièrement, on apporte une explication hâtive qui ne répond pas à la question essentielle : Pourquoi donc, dans l'histoire de l'humanité et en dépit des grandes variations culturelles, l'homosexualité semble-t-elle si souvent vécue comme une menace à l'intégrité, aussi bien individuelle que collective ?

Je crains de ne pouvoir répondre clairement à cette question, tant à cause de mes limites de connaissances que des objectifs poursuivis par ce livre. À la lumière des rencontres cliniques que j'ai faites avec des enfants vivant auprès de parents homosexuels, je me contenterai d'émettre les quelques idées suivantes.

Nous sommes tous issus de la rencontre entre un homme et une femme. Ce noyau biparental originaire, il est impossible de s'en défaire. Au plus profond de l'être humain existe le désir de rencontrer ses deux géniteurs afin que ce triangle « eux et nous » puisse sceller notre double filiation. Si l'un des membres de ce triangle est absent, il surgit non seulement un manque, mais une position de dualité qui freine tout mouvement vers le tiers. Cela ne veut absolument pas dire que l'enfant soit inexorablement plongé dans une symbiose aliénante ou dans une quête désespérée de l'absent. Bien des aménagements pourront se faire. Bien des mécanismes compensateurs pourront surgir, et il se pourra même que ces mouvements adaptatifs débouchent sur des processus originaux de résilience. Le fait est cependant là. Quelque chose d'étranger à l'idéal de son Moi surgit au sein des interactions familiales. Il faudra que l'enfant fasse avec.

Ce « quelque chose d'étranger », qui se dépose insidieusement en soi, se retrouve chez un parent sans qu'on puisse appeler le deuxième parent par le nom qui le désignerait comme « l'autre ». Pour le dire plus simplement, si deux femmes m'élèvent, l'une est ma mère, mais qui est l'autre ? Celle-ci évoque une autre mère, sans l'être vraiment ; elle prend la place d'un père éventuel, sans en avoir le sexe; elle est dans le statut conjugal d'une épouse mais, dans la rencontre à la fois réelle et fantasmée avec la deuxième épouse-époux, quelle sorte de relations sexuelles a-t-elle avec « ma » mère ? S'il s'agit de deux hommes, l'un est bien mon père, mais quelle position exacte occupe son double ? Puisque dans les deux cas, lorsqu'ils s'unissent, ils ne peuvent avoir ni un désir de grossesse, ni un désir d'enfant créé par eux, ils m'éliminent de leur sexualité tout en témoignant de celle-ci dans une modalité autre que celle des parents côtoyés de mes copains et copines.

Dans le jeu de l'altérité, il y a donc inexorablement quelque chose qui m'atteint par rapport à des mots et à des gestes éveillant la somme de mes investissements affectifs : une maternité et une paternité différentes – une conjugalité imprécise – une sexualité dont les modes d'union éradiquent la possibilité de l'enfantement – une vision de la famille étrangère aux normes sociales habituelles – des actes sexuels dont l'évocation échappe aux référents connus.

Comment puis-je alors répondre facilement aux questions qui portent sur mon identité sexuelle ? Quelles références vais-je utiliser pour structurer mes propres options dans le choix futur de l'objet sexuel ? Quel roman familial puis-je bâtir pour répondre à la question des désirs que je voudrais voir projetés sur moi ? Quelle place mon père ou ma mère peut-il laisser à l'autre dont je suis également issu ? Faut-il que je dise la vérité à mes amis ou, compte tenu de la gêne déclenchée par une telle révélation, dois-je cacher un secret dont j'aurais pourtant envie de parler ?

Au-delà d'arguments passionnels qui ne tiennent guère, voilà les difficultés que risque de rencontrer l'enfant d'un couple homosexuel. Leur analyse paraît sévère. En fait, elle rejoint des problèmes que connaissent beaucoup d'enfants de familles nucléaires, car le jeu des désirs projetés sur soi par les parents est toujours complexe et les projections faites par l'enfant sur sa mère et sur son père transforment leur personnage en des images dont les halos sont toujours incertains. Montrer la complexité d'un problème n'a rien à voir avec la mise en place de jugements négatifs. J'ai vu des enfants épanouis au sein de couples homosexuels ou de familles reconstituées dont l'un des membres vivait avec un partenaire de son sexe. J'ai vu des enfants révoltés par une telle situation, sans doute parce qu'elle avait été mal préparée, mal expliquée, parce qu'elle éveillait chez les parents originaires trop d'émotions non liquidées ou parce qu'elle survenait au moment où l'enfant lui-même était aux prises avec une interrogation inquiète sur sa propre sexualité. J'ai vu des enfants qui acceptaient avec ambivalence l'aventure dans laquelle ils se trouvaient engagés. Il fallait les soutenir, parfois avec l'aide d'une personne étrangère à la famille, parfois avec le concours d'un thérapeute. Tous ces jeunes devaient naviguer comme les autres dans le dédale des liens familiaux que nous avons cherché à présenter tout au long de ce livre.

Conclusion

Que reste-t-il à dire pour conclure ? On n'épuise pas un thème comme la famille. Tout au plus peut-on entrebâiller une porte pour permettre à des parents de mieux comprendre ce qu'ils peuvent apporter à leurs enfants.

Mes réflexions se sont d'abord orientées vers ce qu'on tend à appeler la famille nucléaire classique. C'est dans une telle structure que je suis né. C'est aussi dans une telle structure qu'à mon tour, avec mon épouse, j'ai connu des joies, parfois des tensions, et toujours de nouvelles occasions de rebondir. J'ai essayé de montrer qu'au-delà des rôles fixés par la biologie, par les pôles identificatoires antérieurs et par le contexte socioculturel, une telle famille est un lieu de réaménagements continuels où chacun aide l'autre à se bâtir tout en se construisant lui-même. Dans ce champ interactionnel, tout ce qui est pensé, tout ce qui est dit, fait ou non réalisé imprègne chaque protagoniste en le rendant acteur de son devenir. Il n'y a pas de recette magique pour édifier une famille. Il faut que le désir de rencontrer l'autre et de l'aimer l'emporte sur les frustrations et les inévitables faux pas.

Cela n'est pas aussi simple qu'il le paraît au premier abord. Tantôt les attentes s'harmonisent, tantôt elles s'affrontent et c'est par une oscillation entre des phases d'équilibre et de déséquilibre qu'une addition de trajectoires, à la fois semblables et différentes pour chacun, laisse sa marque et donne le sentiment inébranlable d'être une communauté de vie unique. Ce groupe, lui-même inscrit dans un système élargi, vacille parfois ou se disloque. Cette fissure ou cette fracture atteint durement les protagonistes et, en premier lieu, les enfants.

J'ai tenté d'esquisser ces difficultés tout en soulignant qu'elles ne sont pas nécessairement pathogènes si chacun, au-delà du conflit conjugal, se rappelle qu'il demeure un parent, c'est-à-dire un adulte qui restera toujours présent dans l'histoire de ses enfants, quelles que soient les péripéties de cette histoire. On n'est jamais une mère ou un père seul, même si la solitude nous accable. Il y a toujours enfouies en soi et dans le cœur de sa progéniture des images maternelles et paternelles qui font de l'être humain un sujet de double filiation, même s'il est né de père inconnu.

Nier l'existence de l'autre met toujours l'enfant face à la perte de l'altérité, c'est-à-dire à la perte d'une partie de lui-même. Ce fait permet de comprendre cette règle éthique qui ne peut pas être transgressée : l'enfant n'est pas à nous, en tant que géniteur possessif. Il est celui qui, grâce à nous, deviendra « l'autre ». Pour ce faire, il faut remplir certaines conditions que j'ai tenté de rappeler. On ne peut pas faire une famille avec n'importe qui, n'importe comment, n'importe quand et à n'importe quel prix. Son édification suppose un engagement dans lequel les termes fidélité, continuité, tendresse, témoignage de valeurs, convivialité, exigences dosées et appui de l'entourage sont essentiels, dans le sens de « fondateurs », même s'ils paraissent quelque peu vieillots à certains.

À la question « Famille, qu'apportes-tu à l'enfant ? », je réponds donc par cette autre interrogation : « Parent, qu'exiges-tu de toi-même pour que cet engagement permette l'éclosion de ton enfant ?

Ressources

CYRULNIK, BORIS. *La naissance du sens*. Paris : Hachette, 1995. 168 p. (Questions de science)

DELASSUS, JEAN-MARIE. *Le sens de la maternité*. Paris: Dunod, 1995. 221 p. (Enfances initiation)

DUGNAT, MICHEL. *Devenir père, devenir mère: naissance et parentalité*. Ramonville St-Agne (France): Érès, 1999. 160 p.

DUMESNIL, FRANÇOIS. *Parent responsable, enfant équilibré*. Montréal: Éditions de l'Homme, 1998. 379 p.

HOUZEL, DIDIER. *Les enjeux de la parentalité*. Ramonville St-Agne (France): Érès, 1999. 200 p.

LE CAMUS, JEAN. *Le vrai rôle du père*. Paris: Odile Jacob, 2000. 193 p.

LEROY-FORGEOT, FLORA. *Les enfants du PACS: réalités de l'homoparentalité*. La Ferté-Saint-Aubin (France) : Atelier de l'archer, 1999. 120 p. (Questions de temps)

MARBEAU-CLEIRENS, BÉATRICE. *Psychologie des mères*. Paris : Éditions universitaires, 1966. 214 p. (Pour mieux-vivre)

NAOURI, ALDO. *Une place pour le père*. Paris: Seuil, 1999. 363 p. (Points)

Nouveaux couples, nouvelles familles. Questions aux thérapeutes. Ramonville St-Agne (France): 2000. (Dialogue, no 150)

OLIVIER, CHRISTIANE. *Petit livre à l'usage des pères*. Paris: Fayard, 1999. 109 p. (Christiane Olivier écrit pour les parents)

OLIVIER, CHRISTIANE. *Peut-on être une bonne mère ?* Paris : Fayard, 2000. 120 p. (Christiane Olivier écrit pour les parents)

POUSSIN, GÉRARD ET ÉLISABETH MARTIN-LEBRUN. *Les enfants du divorce : psychologie de la séparation parentale.* Paris : Dunod, 1997. 240 p. (Enfances)

ROUSSEL, LOUIS. *La famille incertaine.* Paris : Odile Jacob, 1999. 334 p. (Opus)

VAN CUSTEM, CHANTAL. *La famille recomposée, entre défi et incertitude.* Ramonville St-Agne (France) : Érès, 1998. 200 p. (Relations)

Livre pour enfants

JAFFÉ, LAURA. *Vivre ensemble en famille : petit guide pour un enfant citoyen.* Paris : Bayard, 1998. 53 p. (Vivre ensemble) **7 ans +**

L'enfant a un rôle à jouer dans sa famille, qu'elle soit petite, grande, recomposée, adoptive, monoparentale, etc. Il doit respecter les membres de sa famille et leurs différences. Qu'est-ce qu'une famille ? Est-ce que tous les enfants ont une identité ? Qui commande dans la famille ? L'auteur répond à ces questions avec une histoire, un documentaire et un test sous forme de jeu.

Aide-moi à te parler !
La communication parent-enfant

Gilles Julien

L'importance de la communication parent-enfant, ses impacts, sa force, sa nécessité. Des histoires vécues sur la responsabilité fondamentale de l'adulte : l'écoute, le respect et l'amour des enfants.

ISBN 2-922770-96-6 2004/144 pages

Aider à prévenir le suicide chez les jeunes
Un livre pour les parents

Michèle Lambin

Reconnaître les indices symptomatiques, comprendre ce qui se passe et contribuer efficacement à la prévention du suicide chez les jeunes.

ISBN 2-922770-71-0 2004/272 p.

L'allaitement maternel

Comité pour la promotion de l'allaitement maternel de l'Hôpital Sainte-Justine

Le lait maternel est le meilleur aliment pour le bébé. Tous les conseils pratiques pour faire de l'allaitement une expérience réussie ! (2e édition)

ISBN 2-922770-57-5 2002/104 p.

Apprivoiser l'hyperactivité et le déficit de l'attention

Colette Sauvé

Une gamme de moyens d'action dynamiques pour aider l'enfant hyperactif à s'épanouir dans sa famille et à l'école.

ISBN 2-921858-86-X 2000/96 p.

Au-delà de la déficience physique ou intellectuelle
Un enfant à découvrir

Francine Ferland

Comment ne pas laisser la déficience prendre toute la place dans la vie familiale ? Comment favoriser le développement de cet enfant et découvrir le plaisir avec lui ?

ISBN 2-922770-09-5 2001/232 p.

Au fil des jours... après l'accouchement

L'équipe de périnatalité de l'Hôpital Sainte-Justine

Un guide précieux pour répondre aux questions pratiques de la nouvelle accouchée et de sa famille durant les premiers mois suivant l'arrivée de bébé.

ISBN 2-922770-18-4 2001/96 p.

Au retour de l'école...
La place des parents dans l'apprentissage scolaire

Marie-Claude Béliveau

Une panoplie de moyens pour aider l'enfant à développer des stratégies d'apprentissage efficaces et à entretenir sa motivation. (2e édition)

ISBN 2-922770-80-X 2004/280 p.

Comprendre et guider le jeune enfant
À la maison, à la garderie

Sylvie Bourcier

Des chroniques pleines de sensibilité sur les hauts et les bas des premiers pas du petit vers le monde extérieur.

ISBN 2-922770-85-0 2004/168 p.

De la tétée à la cuillère
Bien nourrir mon enfant de 0 à 1 an

Linda Benabdesselam et autres

Tous les grands principes qui doivent guider l'alimentation du bébé, présentés par une équipe de diététistes expérimentées.

ISBN 2-922770-86-9 2004/144 p.

Le développement de l'enfant au quotidien
Du berceau à l'école primaire

Francine Ferland

Un guide précieux cernant toutes les sphères du développement de l'enfant : motricité, langage, perception, cognition, aspects affectifs et sociaux, routines quotidiennes, etc.

ISBN 2-89619-002-3 2004/320 pages

Le diabète chez l'enfant et l'adolescent

Louis Geoffroy, Monique Gonthier et les autres membres de l'équipe de la Clinique du diabète de l'Hôpital Sainte-Justine

Un ouvrage qui fait la somme des connaissances sur le diabète de type 1, autant du point de vue du traitement médical que du point de vue psychosocial.

ISBN 2-922770-47-8 2003/368 p.

Drogues et adolescence

Réponses aux questions des parents

Étienne Gaudet

Sous forme de questions-réponses, connaître les différentes drogues et les indices de consommation, et avoir des pistes pour intervenir.

ISBN 2-922770-45-1 2002/128 p.

En forme après bébé

Exercices et conseils

Chantale Dumoulin

Des exercices et des conseils judicieux pour aider la nouvelle maman à renforcer ses muscles et à retrouver une bonne posture.

ISBN 2-921858-79-7 2000/128 p.

En forme en attendant bébé

Exercices et conseils

Chantale Dumoulin

Des exercices et des conseils pratiques pour garder votre forme pendant la grossesse et pour vous préparer à la période postnatale.

ISBN 2-921858-97-5 2001/112 p.

L'enfant adopté dans le monde

(en quinze chapitres et demi)

Jean-François Chicoine, Patricia Germain et Johanne Lemieux

Un ouvrage complet traitant des multiples aspects de ce vaste sujet : l'abandon, le processus d'adoption, les particularités ethniques, le bilan de santé, les troubles de développement, l'adaptation, l'identité…

ISBN 2-922770-56-7 2003/480 p.

L'enfant malade
Répercussions et espoirs

Johanne Boivin, Sylvain Palardy et Geneviève Tellier

Des témoignages et des pistes de réflexion pour mettre du baume sur cette cicatrice intérieure laissée en nous par la maladie de l'enfant.

ISBN 2-921858-96-7 2000/96 p.

L'estime de soi des adolescents

Germain Duclos, Danielle Laporte et Jacques Ross

Comment faire vivre un sentiment de confiance à son adolescent ? Comment l'aider à se connaître ? Comment le guider dans la découverte de stratégies menant au succès ?

ISBN 2-922770-42-7 2002/96 p.

L'estime de soi des 6 - 12 ans

Danielle Laporte et Lise Sévigny

Une démarche simple pour apprendre à connaître son enfant et reconnaître ses forces et ses qualités, l'aider à s'intégrer et lui faire vivre des succès.

ISBN 2-922770-44-3 2002/112 p.

L'estime de soi, un passeport pour la vie

Germain Duclos

Pour développer des attitudes éducatives positives qui aideront l'enfant à acquérir une meilleure connaissance de sa valeur personnelle. (2e édition)

ISBN 2-922770-87-7 2004/248 p.

Et si on jouait ?
Le jeu chez l'enfant de la naissance à six ans

Francine Ferland

Les différents aspects du jeu présentés aux parents et aux intervenants : information détaillée, nombreuses suggestions de matériel et d'activités.

ISBN 2-922770-36-2 2002/184 p.

Être parent, une affaire de cœur I

Danielle Laporte

Des textes pleins de sensibilité, qui invitent chaque parent à découvrir son enfant et à le soutenir dans son développement.

ISBN 2-921858-74-6 1999/144 p.

Être parent, une affaire de cœur II

Danielle Laporte

Une série de portraits saisissants : l'enfant timide, agressif, solitaire, fugueur, déprimé, etc.

ISBN 2-922770-05-2 2000/ 136 p.

Famille, qu'apportes-tu à l'enfant ?

Michel Lemay

Une réflexion approfondie sur les fonctions de chaque protagoniste de la famille, père, mère, enfant... et les différentes situations familiales.

ISBN 2-922770-11-7 2001 / 216 p.

La famille recomposée

Une famille composée sur un air différent

Marie-Christine Saint-Jacques et Claudine Parent

Comment vivre ce grand défi ? Le point de vue des adultes (parents, beaux- parents, conjoints) et des enfants impliqués dans cette nouvelle union.

ISBN 2-922770-33-8 2002 / 144 p.

Favoriser l'estime de soi des 0 - 6 ans

Danielle Laporte

Comment amener le tout-petit à se sentir en sécurité ? Comment l'aider à développer son identité ? Comment le guider pour qu'il connaisse des réussites ?

ISBN 2-922770-43-5 2002/ 112 p.

Grands-parents aujourd'hui

Plaisirs et pièges

Francine Ferland

Les caractéristiques des grands-parents du 21e siècle, leur influence, les pièges qui les guettent, les moyens de les éviter, mais surtout les occasions de plaisirs qu'ils peuvent multiplier avec leurs petits-enfants.

ISBN 2-922770-60-5 2003 / 152 p.

Guider mon enfant dans sa vie scolaire

Germain Duclos

Des réponses aux questions les plus importantes et les plus fréquentes que les parents posent à propos de la vie scolaire de leur enfant.

ISBN 2-922770-21-4 2001 / 248 p.

J'ai mal à l'école

Troubles affectifs et difficultés scolaires

Marie-Claude Béliveau

Cet ouvrage illustre des problématiques scolaires liées à l'affectivité de l'enfant. Il propose aux parents des pistes pour aider leur enfant à mieux vivre l'école.

ISBN 2-922770-46-X 2002 / 168 p.

Les maladies neuromusculaires chez l'enfant et l'adolescent

Sous la direction de Michel Vanasse, Hélène Paré, Yves Brousseau et Sylvie D'Arcy

Les informations médicales de pointe et les différentes approches de réadaptation propres à chacune des maladies neuromusculaires.

ISBN 2-922770-88-5 2004/ 376 p.

Le nouveau Guide Info-Parents

Michèle Gagnon, Louise Jolin et Louis-Luc Lecompte

Voici, en un seul volume, une nouvelle édition revue et augmentée des trois *Guides Info-Parents*: 200 sujets annotés.

ISBN 2-922770-70-2 2003 / 464 p.

Parents d'ados

De la tolérance nécessaire à la nécessité d'intervenir

Céline Boisvert

Pour aider les parents à départager le comportement normal du pathologique et les orienter vers les meilleures stratégies.

ISBN 2-922770-69-9 2003 / 216 p.

Les parents se séparent...
Pour mieux vivre la crise et aider son enfant
Richard Cloutier, Lorraine Filion et Harry Timmermans

Pour aider les parents en voie de rupture ou déjà séparés à garder espoir et mettre le cap sur la recherche de solutions.

ISBN 2-922770-12-5 2001/164 p.

La scoliose
Se préparer à la chirurgie
Julie Joncas et collaborateurs

Dans un style simple et clair, voici réunis tous les renseignements utiles sur la scoliose et les différentes étapes de la chirurgie correctrice.

ISBN 2-921858-85-1 2000/96 p.

Le séjour de mon enfant à l'hôpital
Isabelle Amyot, Anne-Claude Bernard-Bonnin, Isabelle Papineau

Comment faire de l'hospitalisation de l'enfant une expérience positive et familiariser les parents avec les différences facettes que comporte cette expérience.

ISBN 2-922770-84-2 2004/ 120 p.

Tempête dans la famille
Les enfants et la violence conjugale
Isabelle Côté, Louis-François Dallaire et Jean-François Vézina

Comment reconnaître une situation où un enfant vit dans un contexte de violence conjugale ? De quelle manière l'enfant qui y est exposé réagit-il ? Quelles ressources peuvent venir en aide à cet enfant et à sa famille ?

ISBN 2-89619-008-2 2004/ 160 p.

Les troubles anxieux expliqués aux parents
Chantal Baron

Quelles sont les causes de ces maladies et que faire pour aider ceux qui en souffrent ? Comment les déceler et réagir le plus tôt possible ?

ISBN 2-922770-25-7 2001/88 p.

Les troubles d'apprentissage : comprendre et intervenir

Denise Destrempes-Marquez et Louise Lafleur

Un guide qui fournira aux parents des moyens concrets et réalistes pour mieux jouer leur rôle auprès de l'enfant ayant des difficultés d'apprentissage.

ISBN 2-921858-66-5 1999/128 p.

AGMV Marquis
MEMBRE DE SCABRINI MEDIA
Québec, Canada
2004